人性的奥秘

曾仕强谈
人性的弱点

曾仕强 著

图书在版编目（CIP）数据

人性的奥秘：曾仕强谈人性的弱点 / 曾仕强著 . —北京：北京联合出版公司，2014.11（2024.6 重印）

ISBN 978-7-5502-3515-1

Ⅰ . ①人… Ⅱ . ①曾… Ⅲ . ①心理交往—通俗读物 Ⅳ . ①C912.1-49

中国版本图书馆 CIP 数据核字（2014）第 197805 号

人性的奥秘：曾仕强谈人性的弱点

作　　者：曾仕强
出 品 人：赵红仕
选题策划：北京时代光华图书有限公司
责任编辑：管　文
特约编辑：陈　静
封面设计：新艺书文化
版式设计：曾　放

北京联合出版公司出版
（北京市西城区德外大街 83 号楼 9 层　100088）
北京时代光华图书有限公司发行
北京晨旭印刷厂印刷　新华书店经销
字数 121 千字　787 毫米 ×1092 毫米　1/16　10.5 印张
2014 年 11 月第 1 版　2024 年 6 月第 14 次印刷
ISBN 978-7-5502-3515-1
定价：49.00 元

版权所有，侵权必究
未经书面许可，不得以任何方式转载、复制、翻印本书部分或全部内容。
本书若有质量问题，请与本社图书销售中心联系调换。电话：010-82894445

目 录
Contents

前言　人性的弱点并非人性的缺点　/Ⅴ

第一章　人人都逃不开的人性弱点

人类有思想就会有弱点　/3

求生存：活着才是硬道理　/9

自私：人不为己，天诛地灭　/14

求快乐：快意人生人人向往　/18

第二章　人类何以有弱点

生命有限而求长生　/28

物质有限而谋利益　/31

本能需求而逐快乐　/33

因为有理想，所以有弱点　/37

第三章　人类历史就是彼此利用弱点的历史

　　神权时代利用鬼神让人敬畏　/47

　　君权时代利用纪律让人服从　/49

　　民权时代利用观念控制自由　/51

　　网络时代利用媒体渲染弱点　/61

第四章　向错走，弱点就是缺点

　　有钱时想自己，无钱时想别人　/91

　　得意时爱炫耀，失意时穷诉苦　/92

　　位尊时耻闻过，位卑时善讨好　/93

　　势强时欺侮人，势弱时很隐忍　/94

　　体健时不爱惜，体衰时依赖人　/95

　　年轻时显聪明，年老时逞固执　/96

　　前进时得罪人，后退时不救人　/97

　　为主时立威严，附从时爱逢迎　/99

　　施舍时很小气，受益时易忘记　/100

　　有理时不饶人，错误时常辩解　/101

第五章　向对走，弱点也是优点

　　有钱时想别人，无钱时想自己　/109

　　得意时不炫耀，失意时不诉苦　/110

位尊时不虚妄，位卑时不讨好 /112

势强时多助人，势弱时要自持 /113

体健时应爱惜，体衰时多锻炼 /114

年轻时要谦恭，年老时不固执 /115

前进时想退路，后退时要救人 /117

为主时不苛刻，附从时不逢迎 /118

施舍时要舍得，受益时要感谢 /119

有理时能恕人，错误时要坦承 /120

人类最大的优点在于懂得根据目标选择策略 /125

第六章　主动显示弱点还是技巧隐藏弱点

隐藏弱点有大智慧 /135

主动示弱有大好处 /137

根据具体情况采取具体做法 /139

人性的弱点原本相近 /143

利用人性的弱点要适度 /145

了解人性的弱点改变自己的命运 /148

前 言
foreword

人性的弱点并非人性的缺点

人性与习惯并不相同

首先,让我们把人性和习惯区分开,分别认识得更清楚一些。人的行为习惯,并不能代表人性。

譬如大多数人都喜欢讨价还价,这仅仅是一种行为习惯,而非人性。如果有一天,大家都不喜欢讨价还价这种形式了,也就用不着讨价还价了。

见面的形式,无论是握手、拥抱,还是亲吻,都只能算是行为习惯,与人性无关。比如人和人见面要不要向对方微笑?有什么方法,可以让别人马上喜欢上自己?到底是"请将"好呢,还是"激将"更有效?恐怕这些都不是人性的基本问题。

人类的行为习惯具有区域性特点。每个地区,由于风土人情的差异,会逐渐形成一套约定俗成的习惯,因而彼此不同,各有特色。

那什么才是人性呢?

首先贪生怕死是人性。因为不论种族、肤色、语言、文字、居住环境或者交通设施有多大的不同,只要想到死,好像大家都会感到相当害怕。当然，有时候某些人面对死亡会视死如归，但那属于舍生取义，需要具备一定的条件，并非人人、时时都能做得到。

我们一般情况下把人类共同的性质当作人性。人性虽然是相近的，但是每个人因各自不同的人性所采取的策略并不相同，以致产生的行为习惯也各有不同，有些甚至相去甚远。

人性的弱点说起来最重要的只有一个，那就是人人都要求生存。人人都要求生存，所以大家的弱点也都相近。只不过求生存的方式不一样，因此各自的习惯相去甚远。而求生存这个弱点逐渐衍生为怕死、贪生，最后变成了只顾自己。

顾自己顾到一定程度，就成为自私。如果说求生存是人性的第一层弱点，那么自私便已经进入了人性的第二层弱点。自私的表现，以贪利、贪名为代表，贪利、贪名的结果，最后都会归结到贪图享受上面来。

贪图享受到一定程度，就会形成追求个人的快乐。于是求快乐成为人性的第三层弱点，这层弱点以刺激、争夺和征占为重点，导致各种明争暗斗的花样，令人苦恼不堪。

人性的弱点并不全是人性的缺点，因为求生存、自私和求快乐，基本都是人类进步的原动力。所有的企图心，实际都建立在这些基础之上。只要保持合理，求生存、自私和求快乐，不但没有害处，反而有好处。

适应人性的弱点，若是策略正确，弱点都会变成优点。所以，策略的选择和应用非常重要。对于人性的弱点，我们主张不要存心加以利用，以免造成害人的后果，也害了自己。同时主张不要完全防备别人运用我们的弱点，以免丧失机会，永远建立不了所需要的各种关系。

研究人性的弱点，主要在于明辨适应的策略，使弱点运用和被运用到合理的程度，以求化弱点为优势，助己助人。

人性是先天性的，彼此相近；习惯是后天性的，各不相同。

自古以来，一切都在变，唯有人性没有变。人们拿不变的人性，来适应不断变化的内外环境，于是采取不同的策略，表现出不同的行为，因而形成有差异的习惯。

习惯从适应人性的弱点而来，又用以满足人性的弱点。

弱点可以变成优点，也可能成为缺点。好习惯使弱点变成优点，坏习惯使弱点成为缺点。

采用何种策略，养成什么习惯，都是"人"的问题。人性的弱点从根本上来说不是问题。

对人性的弱点，要适应、运用，不可控制、利用。这样对人有利，对自己也有好处。

人性和习惯不同，前者是天生的，属于先天性，而且整个人类的人性大抵相近；后者属后天性，是逐渐养成的，几乎人人都不太相同。

大家关心人性的弱点，希望通过对人性的掌握，实现对自己有利的企图，达成预期的目标，并且提高其效益。这种是人性中求生存的表现，但是如何掌握人性的弱点，怎样控制人性的弱点，采取什么方式来评估人性的弱点，则由于各人的习惯不同而有差异。

求生存是人性，用来求生存的方法是习惯。有人好吃懒做，也有人勤奋积极，是习惯不同，并不是人性互异。所以说好逸恶劳是人的本性，实在是一种错误说法。好逸恶劳应该属于人的习惯，有人如此，有人则习于劳作，近乎工作狂。

自古以来，一切都在变，只有人性没有变。我们常说人性变了，其实改变的是习惯，并不是人性。

习惯从哪里来？人性既然不变，为了以不变应万变，我们必须采取各种不同的策略，来适应内外环境的变化，以满足人性的需要。这些不同的策略表现出来的行为，就成为习惯。习惯由何而生？由各人不同的策略而产生，所以人人不同。

例如人性要求生存，几乎凡人皆如此，没有不同。但是各人求生存的策略差异很大。有人以隐藏实力来求生存，认为含蓄是一种涵养。有所保留是谦虚，不要锋芒毕露，以免引起他人不悦，而对自己的生存构成压力。有人则到处作秀以求生存，认为表现才能吸引别人的注意力，以攻为守对自己比较有利。采取隐藏策略的人逐渐培养出十分忍耐的习惯，能隐人所不能隐，藏人所不能藏。而采取作秀策略的人也逐渐养成招招出击的习惯，虚张声势，到处拜托大家给他一个展示的机会。再加上隐藏和作秀的方式彼此不同，因而变化出很多花样，构成五花八门的生存之道。所谓"人一上百，形形色色"，可见，习惯不同，使得人群与社会不但多元化，而且复杂化。

人性的弱点不过是人潜在的欲望

人性最基本的弱点便是求生存。求生存逐渐发展成只顾自己不顾别人，便进入了自私的层次。自私自利的表现，归根结底是由于贪图享受，这又进入求快乐的层次。

每个弱点都包含三个向度。求生存表现在怕死、贪生和顾自己上，产生了很多可资攻击的弱点。自私表现在贪利、贪名以及贪图享受上，多少人为求名利而创造、发明，多少人为求名利而摧残、破坏。同样为求享受，多少人不论贫富都能够随缘随喜，开开心心、快快乐乐过一生；多少人又贫有贫的痛苦，整日怨天尤人，富有富的苦恼，徒然成为不快乐的富翁。其实求快乐，也表现在刺激、争夺以及征占上，各有策略，也都往往为对方的对策所命中，弃甲投降。

人性三大弱点本身不是问题，不过是人潜在的欲望。变成优点或缺点则是策略问题，也就是"人"的问题。人有权选择采用哪种策略，使弱点成为优点或缺点。

乍一看，人类求生存免不了贪生怕死。

我们不妨虚拟一下，假定人人都不贪生，抱着活多久就算多久的心理；人人也都不怕死，认为死了之后，十八年后又是一条好汉。请问：社会会安宁吗？人类幸福与否？恐怕会天天有人自杀，时时有人杀人，搞得人人不安宁，社会乱糟糟，谈不上什么快乐幸福吧！

可见不贪生不怕死并不是理想的状态，不是我们学习的典范。历史上伟大人物很少是通过不贪生不怕死塑造出来的。我们只责骂文官贪财、武官怕死，但并没有人倡导完全不贪生、不怕死的生活理念。

文官怕死是理所当然，因为文官不怕死的结果大多是死得很快，而且死得很难看。武官不能怕死，因为战死沙场才是武官的最高荣誉。一旦武官怕死，就会未战先逃，置国家安危、百姓性命于不顾，失去军人本色。就算逃跑能够不死，也将活得很难看。

然而贪生怕死并不见得就有利无弊，大家都喜欢。社会上的许多问题实际上也是贪生怕死造成的。

大家都贪生，才造成今日处处可见的社会老龄化现象。贪生的后果是大家都活得久。而活得久的结果之一就是不可避免地老人愈来愈多。人生七十古来稀，忽然变成人生七十才开始。问题是怎样开始？开始制造社会问题，还是开始形成问题社会？

老人可能是"宝"，也可能是"贼"。这两种情况，孔子都提到过。"家有一老，如有一宝"，是说老年人经验丰富，思虑周到，修养良好，凡事拿捏得恰到好处。遇有晚辈请教，都能够耐心指导，诚恳相待，当然是非常宝贵的导师。老就是宝，特指这些人士而言。

但是，有些老人，却不折不扣地应了孔子所说的"老而不死是谓贼"。把自己的子女送到国外，自己则留在国内到处制造社会问题，逢人就增加麻烦，最后还要子女之外的人来送终。这不是贼，又是什么呢？

嘴上说得好听，这么做是为了不连累子女。实际上自己无法独立生活，势必要依赖别人。这种贪生，完全是只顾自己，丝毫不考虑别人。要贪生，先要有靠得住的子女。否则，就不必贪生，以免连累外人。

怕死不难，要有老本、老伴和老友，再加上"老宝"的修养，这样就不怕不受人欢迎，爱活多久都可以放心地活下去。军人退伍之后，照样可以怕死，也没有人有权责骂他。

自私是贪生怕死的必然结果。贪自己的长久生存，怕个人的快速死亡，都有自私的成分，不容否认。

从现象上来分析，自私的对象离不开名和利。贪自己的利益，求个人的名分。名利心愈浓重，自私的心理就愈重。自私心理重到竟然忘记了名和利到头来不过是一场空。

别人的名利和自己无关，以致不去关心。只有自己的名利，永远说空不空。只要一口气还在，就有名和利的欲念和需求，很难摆脱名利的纠缠。

追求名利，还可以说是企图心、上进心、奋发图强的原动力，或者积极求取进步的驱策力。如果把追求所得的果实与社会大众分享，名利就不致遭受严苛的怨责。有名有利的人士，也不至于承受那样恶毒的诅咒。问题是在出名、获利之后，把果实留下来私自享受，才会引起众人的不满。

很多人把贫富悬殊视为社会不安的根源，似乎富有的人永远要接受贫穷的人的挑战，仿佛富有的人非把财富重新分配不可。

然而，有名有利的时候，如果不享受名利的果实，岂不证明名利果然是空的？那还有多少人会积极追求名利？大家都视名利如粪土，世界上还会出现什么样的名和利？活在如此这般的社会，人类会觉得快乐吗？

何况生活所需要的资源毕竟是有限的，若不积极争取，说不定分到自己身上已经所剩无几，甚至空空如也了。

争名争利是辛苦艰难的事情，原本为了保障自己的安全而努力，后来享受到名利的甜蜜果实，于是以争名争利为快乐之本，转而享受争名争利的乐趣。

求快乐成为大家努力的目标，加上名和利本来就难求，使得更多的人不求名也不求利，反而盲目地追求新奇的刺激。

我常听见这样的对话：

发型师问顾客："您要染发吗？染什么颜色？"

顾客说："随便什么颜色，越奇怪越好。"

这样做的人刚开始染发还有很多人看，觉得这样可以满足自己引人注目的快乐欲求。后来不论他染什么颜色，都引不起他人的注意，于是自己很不快乐，干脆剃了光头，想看看这样能不能带来一些快乐。

年长者对年轻人说："这种无聊的广告，你们怎么看得这么起劲？"

年轻人回答道："拜托！这种广告不是播给你们这个年龄的人看的，它是为我们而制作的。"

不管这种广告是有知还是无知，是有害还是无害，反正各人的标准不一致，只要能得到快乐就去做。针对不同的需求，满足人们想要得到的各种不同刺激，这种方法叫作市场区隔，说穿了就是针对人们各有所好、各取所需的情况进行制作，以此来获取利润。

不讲究区隔，大家都接受同样的刺激多么单调乏味，令人觉得无聊，当然得不到快乐。刺激的来源有限，势必引起争夺。大家逐渐不满足于享受争夺的刺激，于是不只争夺，还要进一步把争夺得来的刺激长期保留在自己身边，占为己有。

求生存、自私、求快乐，分析起来，都没有问题。它们之所以形成人性的三大弱点，主要是人本身的问题，才使得没有问题的问题变成严重的问题。

人的问题在于思维两极化

人的问题在哪里？在思维。人的思维经常两极化，不是极度向东，就是极度向西，以致趋于极端而无法保持合理的中道。过与不及都使求生存、自私、求快乐走上偏道而有所缺失。如何使自己不会过与不及，应该是每个人努力的正道。

媒体尚未发达以前，大家眼不见、心宁静，各自安于自己的策略，倒也心满意足，无所怨尤。媒体发达之后，资讯传播既快捷又普及，很多资讯不由得人不看，知道了太多的资讯以后，人就会互相比来比去，自己占便宜的地方就视为理应如此；自己吃亏的地方便认为岂有此理。于是，搞得天下大乱。

人类创造了媒体，媒体却专门攻击人性的弱点。为了生存竞争，媒体也采取若干策略，将自身的生存建筑在人性求生存、自私和求快乐上面，弄得人类对媒体管制也不是，开放也不是，似乎已经无可奈何。

现代人的人性弱点被媒体渲染、扩大、强化、利用到了无孔不入的程度。媒体经常打着"人们有知道的权利"的招牌，威胁、利诱人们从事各种好的或者坏的活动。

人生是人性弱点的攻防战

人性的弱点既属不可避免，媒体的持续发展又是理所当然。我们所能够自主的部分，说起来唯有掌握自己的因应策略，并且随着时空的变迁作出合理的调整。

我们一方面要防止他人攻击我们的人性弱点，一方面又不得不设法去攻击他人的人性弱点。从这种角度来看，人生简直就是人性弱点的攻防战，随时随地都在攻击，随时随地都在防备。所谓"害人之心不可有，防人之心不可无"，其实是说攻击时不要存有害人之心，而防备时则宜提高警觉。

对于人性的弱点，不论攻击或防备，最好采取适应、运用的心态，不要存有控制、利用的念头，因为动机纯正才能收到良好的效果。

例如妻子以独特的烹调口味来控制丈夫，听起来就很不合适，容易让人产生反感，使人觉得丑恶。如果改说妻子以独特的烹调口味来满足丈夫爱好美食的欲望，那听起来就不一样了，会令人觉得亲切、有人情味，而且属于美好人生的一部分。

动机纯正与否，完全是个人问题，与他人无关。例如含蓄、隐藏的动机，究竟是减少他人的不悦，还是为求奸计得逞？如人寒天饮冰水，冷暖自知。

尊重人性的弱点，适当地攻击或防备，以求达成合理的效果。基于这样的念头，便是动机纯正。

鄙视人性的弱点，认为应该攻其不备，那是乘人之危。对人经常"以小人之心，度君子之腹"，时刻防备，凡事必朝坏处想，把人性丑恶化，则为动机不纯正。

研究人性的弱点，旨在正己正人，让自己快乐，他人也愉快，这样才具有正面的、积极的意义。若是心存不轨，盼望分析人性的弱点，据以攻他人于不备，达成自私自利的企图，那就大可不必，因为就算图谋有成，也毫无长久价值。

现在，我们来看看，人性的三个弱点究竟是怎么一回事。凡事从根本入手，比较容易彻底明了，而且易学易用。但是，千万要以因应、运用的态度，而不要以控制、利用的态度，这样对自己、对他人都会比较好。

第一章
人人都逃不开的人性弱点

人性的第一个弱点是求生存。

出于求生存的目的，首先怕死，然后贪生，结果形成顾自己。

人性的第二个弱点是自私。

因为自私，既贪利又贪名，最后归结为贪图享受。

人性的第三个弱点是求快乐。

追求快乐的人找刺激，爱争夺，要征占自己喜爱的东西。

人性具有的这三个弱点，凡人都逃不掉。

弱点不一定是缺点，有时候弱点还可能变成优点。事在人为，一切靠自己运作。

●●● 人类有思想就会有弱点

人性的弱点，是与生俱来不可避免的。也是自古以来，一直存在，并且没有改变的。

只要人有思想，就会触及这些弱点。没有思想的人，不会因应这些弱点，反而令人担心。

植物求生存，但由于它们不能活动的缘故，只能就固定的位置吸取自己所需要的养分。植物的弱点相当单纯，就是不能活动，缺乏变换生存环境的能力。

动物求生存，具有活动的本能，可以变换生存的环境，却必须完全适应外界的种种变化，并没有能力来加以改造。动物的弱点在于不能创造，只能够适者生存。

人类就不是这样，我们能够活动，可以选择生存的环境。同时具有创造的能力，可以把生存环境改造得更加合乎我们的需要。然而，人类的弱点在于具有选择的能力，却缺乏判断的素养；有创造的能力，却往往走错了方向，把生存环境改造得愈来愈对人类的生存不利。

无家可归的人、穷人、妓女、酗酒者、吸毒者、谋杀者、抢劫者，基本上都是人类创造力的产物。烟草、毒品、酒类、枪支、性病、癌症、高血压、艾滋病、家庭暴力、精神失常、性侵害等等，又何尝不是人类求生存的选择、改造方向错误所带来的后遗症？

任何一个时代，人类都会为了求生存制造出许多器物，一代又一代地传承、改造。结果愈改造愈令人失去生存的信心。请问：这究竟代表人类文化的进步还是退化呢？宗教、政治、经济、军事、工业、商业、社会各方面，我们自认为愈来愈进步，而整个人类却愈来愈不安、紧张，而且孤立无援，这是什么原因？

> 人性弱点随着人类的生存而存在，自古以来，从没有消失过。

人性弱点随着人类的生存而存在，自古以来，从没有消失过。我们应该怎样妥为因应，岂不是兹事体大？

人类和其他动物最大的不同在于具有思想。因为有思想，人类把地球改造成了今日的样子，创造出许多事物。也因为有思想，人类将宇宙破坏成今日的样子，种下了许多危机。

首先看矿物，原本各安其位。但是人类想尽办法，把它们探勘、挖掘、采集、冶炼，然后充分利用，制造出种种物品或者开发出许多用途。一方面物尽其用，使它们的功能得以好好发挥；一方面则造成环境的破坏和污染，甚至濒临耗尽用完的厄运。矿物是自然形成的，但是种种变化、合成、用途，显然来自人类的思想。

其次看植物，热带植物生长在气候炎热的地区，寒带植物繁衍于寒冷的地带，温带、高山和沼泽，也各有其特殊的植物点缀其间。人类爱动脑筋，发现移植、育种等方法，把热带植物移到寒带，沼泽植物弄到室内，大的变小、高的变矮、瘦的变肥，搞得植物自己都莫名其妙，到底哪些植物才是"原住民"？人类的思想，已经把植物界的自然秩序破坏了。

再看动物，原来也是划地为界各有各的生存地区，而且一物降一物，各有各的生存方式。人类把狂野的动物训练成温驯的动物，将野生的动物饲养为家畜。不但改变了动物的生存地区，从高山移到平地，从深海移到陆上，而且改变了动物的食物和习性，运用改良品种的技术，将动物搞得忘记了自己原本的样子。

至于人类自己，情况也大致相同。远古时期，地球只是一大块土地的时候，由于科技不发达，自然的关山阻隔产生很大的作用。黄、白、黑各色人种分别在不同的地区，各自创造自己的生存花样，发展出各具特色的文化。

这种相安无事的情况到底被人类自己破坏了。动物，顾名思义，是会动的。既然会走动，而地球上纵然有高山也有大川，动物走来走去，难免会逾越原来的生存地区。越界的结果，如果能够适应，等于扩大自己族类的生存地区，继续繁衍下去。若是不能适应，就会退回原地或者死亡，等于自然的力量限制了自己族类的生存地区。人类就不是如此，凭着思想，不但要探险，对陌生地区很有兴趣，而且要适应新环境，不让环境的变化将自己难倒。在科技尚未发达的时候，人类善用自己的两条腿，已经东奔西跑，相当不安分了。路是人走出来的，越高山、渡大川，总是能走出一条路来。

大自然看到人类不安分，恐怕人类会弄乱自然秩序。为了保护自然，大地开始分裂，希望以茫茫大海来隔绝人类的到处流窜。然而人类用思想发明了飞机和轮船，可以飞越高山跨越大海，征服高山，能够乘风破浪，征服海洋。人们一方面积极向外发展，到处展示自己的花样，说是宣扬文化；一方面又热衷于长他人威风，吹嘘自己在别处的所见所闻，把别人的花样带回来，说是他山之石，可以攻玉。

当大自然的力量逐渐丧失对人类的约束作用时，有心人开始尝试"以毒攻毒"的策略，企图以人类的思想来约束人类，因此提出若干意识形态，以规范自己的同志，形成堡垒分明的两大阵营。意识形态的对抗已经证明人类冲破了血统、语言、宗教、生活习惯的限制，不再能够用单纯的血统、语言、宗教或生活习惯来证明彼此的不同，只好采取意识形态的标准，把世界勉强一分为二。

人类的思想，当然不是意识形态所能够限制的。资讯爆炸，又通过各种科技化媒体深入每个家庭。资讯交流结束了意识形态的抗争，也使人类再一次面对茫茫的前程不知如何是好。

意识形态好比上作文课时老师的命题，既然老师出了这么一个题目，学生心目中已经有了某种标准，只要尽量符合这个标准，不要文不对题，及格应该是相当有把握的。意识形态被打倒之后，老师在黑板（白板）上面，写下两个大字：无题。学生就既摸不清标准，也弄不清楚怎样写才能切合无题。

市场上产品的标准如果由厂商制定，顾客只能配合厂商的意识形态，称为"生产导向"，这样对厂商十分有利。现在顾客不愿意配合厂商，要自己制定产品标准，叫作"市场导向"，这对厂商十分不利。因为厂商难下决心，而顾客需求不一，难以捉摸。

意识形态对同志的要求十分明确，顺我者生，逆我者亡。意识形态解除界线之后，谁是同志，谁又是敌人，几乎难以分辨。

人类为什么会弄成今天这个样子？因为我们的思想过分集中在人性的弱点上面。

生物求生存，只是逐渐缓慢地演化，在适应中求变化。人类求生存，由于思想发达，要求快速进步，等于在变化中求适应。

> 生物求生存，在适应中求变化。人类求生存，在变化中求适应。

植物怕死，却勇敢地面对死亡而毫不逃避。动物怕死，于是极力逃避死亡，但在挣扎无效、逃脱不掉的时候，也会悲哀地面对死亡。人类怕死，凭着思想设计出很多花样。光是清晨起床以后可以从事的活动，就包括深呼吸、柔软操、太极拳、按摩穴道、慢跑、快走、登山等等，种类繁多难以枚举。至于求神拜佛，更是动植物难以想象的事情。

因为怕死，人类企图将责任推给别人，设法出卖朋友以嫁祸他人。

因为怕死，人类研究各种药物延长寿命。

中国人怕死，于是经常服用补药。美国人怕死，于是在宪法中明确规定人民具有合法拥有枪支的权利。结果呢？中国人可能死于药物中毒，而美国人则会在一瞬间成为枪下的冤魂。俗语有云：愈怕死的人愈快死。是否如此？

动植物贪生，但它们要求得相当有限。人类贪生，却开发出很多难以实现的欲望。例如希望长生不老，希望返老还童。不幸遭遇死亡，又企求保存躯体以待复生，能够继续原来的生命。自己的五脏六腑出现问题，就设法移植别人的器官，并且不希望产生排斥的不良现象。甚至通过巫术，企图折减他人的寿命来延长自己的生命。动植物只是求生，人类却是贪生。

生存的条件，说起来不外乎物质和精神两方面。但是一般人总是先想到物质而后才想起精神，甚至为了物质可以委屈自己，即使精神受伤害也认为是一种应该的忍耐。同样依赖物质以维持生命，动物可能也会储蓄，却远不如人类那么贪得无厌。有东西吃还要求其精致美味，吃饱了还要求保持源源不断，唯恐无以为继。人类的贪婪，帮助媒体大幅发展，以致媒体反过来操纵人类的空间。就动植物而言，媒体再厉害，对它们也是无能为力，无计可施。

植物顾自己，只知道自己吸收二氧化碳放出氧气，吸取自己所需要的水分。动物顾自己之外，有时会照顾幼小的子女，比植物好像进步一些。人类顾自己，懂得戴上假面具，假公济私还不够，还要以私害公。原先人类还知道顾自己必须顾家庭，现在愈来愈弃家庭于不顾，仅仅顾自己。

动植物顾自己并没有发展到自私的地步。人类自私的表现，令人类自己也觉得十分气愤，却也无可奈何。利令智昏，为了贪利、争利，人类演变到子可以弑父、兄可以杀弟，最好的朋友也会翻脸不认人。媒体发达之后，将各种想象得到的贪财争利的伎俩，都描述得清楚仔细，令人觉得从媒体上获得学问好像十分困难，而从媒体学习一些不良伎俩、不正当行为，却似乎非常容易。

为了贪名，人类更是无所不用其极，将礼、义、廉、耻的相关事宜都置之不顾。为了争取学业成绩的排名，从小就知道补习，向老师求情、送礼，讨好老师，考试作弊甚至恶意中伤比自己成绩好的同学。为了争取运动成绩排名，从四五岁开始就整天训练。参加比赛时，服用药物以增强体力，乃至威胁利诱竞赛对手，使其放水称臣，这些都是贪名的表现。

●●● 求生存：活着才是硬道理

人人畏死

有一位老先生，家财万贯，事业十分成功。结婚四十多年的老伴既贤惠又善于教育子女。家庭美满幸福，是大家称美的人士。

他原本也相当得意，认为自己事事顺遂，大有不虚此生的满足感。但是，七十华诞的前夕，正当家人热烈讨论如何庆祝的时刻，他却满腹忧愁，显得十分悲哀，令人非常不解。老伴关起门来单独问他，到底是什么事情让他如此烦恼。

老先生面对相伴多年的老伴，说出他的心声："小时候父亲找过一位算命先生给我批流年，批我到七十二岁便寿终正寝。当时年纪小，觉得七十二岁已经长得不得了。一方面很得意，觉得自己可以活那么长久；一方面实在是很不在意，因为还不明白寿命是什么东西。长大后一直忙于工作，把批流年这回事忘得一干二净。前几天找个文件，竟然把这本流年簿翻出来了，忽然发现今年我已经七十岁，只剩下两年的时间，怎么能不伤悲忧愁？"

老伴无论怎么规劝，老先生都想不开。他认为自己虽然事业有成，毕竟还需要继续奋斗。子女各有工作，也仍旧需要给予辅助。老伴尚在，自己怎么能先走？一大堆理由，都证明剩下两年的时间实在太短，不能了却自己这么多尚未完成的心愿，因此愈想愈觉得悲哀，忍不住痛哭起来。

从上面这个案例，我们很容易明白一件事，那就是人性的第一个弱点是求生存。

这位老先生活到七十岁，原本是十分值得庆贺的，不料他却想起自己余年不多，反而因为求生存而产生悲哀的感觉。

求生存原本是人类的天性，也是人生在世最基本的需要。人类的生活和文化几乎都因生存而产生，和求生存具有密切的关系，怎么能说这是人性的弱点呢？

回想石器时代时，人类的平均寿命只有十五岁。那时候人口稀少，人的寿命又不长，为了保持人类的生生不息，绵延不绝，求生存自然成为人类努力的第一目标。

十五年的时间，简直一转眼就过去。如此短暂的生命，能做些什么呢？个人求生存，并不能保持人类的生生不息；个人的存在，也无法维持人类的绵延不绝。因此传宗接代，便成为人类求生存的重大使命。

"不孝有三，无后为大"，在人口不多、寿命不长的时代，生存成为众人一致重视的大事。俗话说"添丁发财"，也是添丁摆在发财前面的，可见一斑。

既然无后那么重要，在尚未完成这件大事之前，人类最害怕的应该是死亡。求生存的第一特征，便是怕死，尤其害怕在无后之前死掉。

竭力延长生命

时代逐渐进步，环境和医疗保健的改善使得人类的寿命不断延长。现在的男性活到知天命，女性活过耳顺之年，已属轻而易举。发达国家99%的新生儿可以庆祝周岁，98%的儿童可以活过四分之一世纪。但是人类怕死的心理犹存，贪生的欲望又大幅度增强。自秦始皇以来，便积极追求长生不老。活得长久的人，还希望活得更久，最好永远不死。全世界的人，都追求长生，甚至永生。有的祈求宗教保护，有的寄希望于仙丹的功效，如今还有人借助科学的力量。

贪生是人类求生存的第二特征。人类一方面怕死，一方面贪生，所以做了很多事情，变出许多花样来延长寿命。使得人类在传宗接代的动物本能之外，又发展出其他动物望尘莫及的文化，使人类的生活更加多彩多姿。爱迪生如果只活到十五岁，那么不可能有那么多发明；爱因斯坦假若不是活得那么长久，怎么想得出相对论？孔子活不到七十多岁，就无法体验自由自在却能够中规中矩的生活乐趣；姜太公若是活不到那么大把年纪，遇不到周文王，一生的抱负便无法施展。古今中外的文明创造，无不得力于人类寿命的延长。

然而，人能不能长寿，不完全靠自己，还受到很多因素的影响。索马里的幼童病死、饿死，责任并不在天真无邪的小孩；美国儿童健康活泼，也不是出自美国孩童的努力。

饮食、运动、卫生习惯以及规律的生活可能决定人的寿命，也不是十分准确的说法。饮食方面，日本人偏爱低脂，瑞士人偏好多油，而两国人的平均寿命却大抵相同。运动方面，美国人的运动量大多低于非洲人，而现代人的运动量也比不上石器时代的人的运动量。卫生习惯方面，有不抽烟、不喝酒的人长寿的，也有抽烟、喝酒的人也活得很久的；有十分注重卫生却不幸早逝的人，也有周遭环境非常不卫生而相当长寿的人。至于生活规律，同样被证实不能够一概而论。

求人不如求自己

人的一生，不过是在证明自己到底具有什么样的命。如果根本懒得去证明，又怎么知道自己有没有那样的命呢？不努力去证明，便始终无法了解真相。

这样说来，自己努力也好，看天命也好，用努力来证明天命也好，总归是自己的事情。求人无益，不如回头求自己。既然如此，怕死、

第一章 人人都逃不开的人性弱点

贪生都由于求人不如求己,而归结在顾自己上面,形成人类求生存的第三个特征。

讲求一套明哲保身的道理,先把自己保住,再怕死、贪生,这是人类求生存的不二法门。

> 讲求一套明哲保身的道理,先把自己保住,再怕死、贪生,这是人类求生存的不二法门。

人类为了求生存,发展出三个特征,如图1:

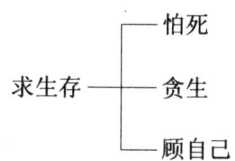

图1 求生存的三个特征

请你问一问自己:

我怕死吗?

我贪生吗?

我顾自己吗?

其实,这些都是人之常情,没有什么好避讳的,用不着不好意思。人多少都有这样的倾向。怕死,固然有害怕亲人死亡,担心老板去世,气愤好人早死,甚至忧虑领袖老死、将领阵亡,但是,最恐惧的莫过于自己的濒临死亡。贪生,固然有祈求亲人长寿,好人长命,老板健康,领袖万寿无疆,而最关心的,莫过于自己的寿比南山。一切以自己为中心,顾自己顾到有己忘他,终于变成可怕的自私。

●●● 自私：人不为己，天诛地灭

人性的第二个弱点是自私。

如果生命没有限度，大限能够解除，人类就不必怕死。若是死亡的时候，觉得十分快乐，丝毫没有痛苦，大家对死亡便不至于那么害怕。

假若人类得以永远生存，人类也就不必贪生。事实上人必有一死，有生就有死，可以说没有谁能够例外。我们所不能确定的，只是什么时候会死。虽然知道迟早必定会死亡，却仍然衷心盼望能够活得更长久一些。

贪生怕死，是基于生命有限的事实。贪生，是因为希望把有限的生命延长，并且多多益善；怕死，是因为唯恐有限的生命缩短，而且觉得愈短愈可惜。若是生命无限，人类就不必贪生怕死，甚至可能会找死，唯恐求死无门。

顾自己，同样是基于生命有限的事实。

因为时间有限，原本想在顾自己之后，再推己及人，扩大到其他人。但是，时间转瞬而逝，来不及顾及其他人了，只好顾自己而不顾别人。其实也并非存心只顾自己，只是时间不容许罢了。

因为物质有限，原本希望自己享用之后，再由亲及疏，一路扩大出去，让其他人也能够享用。不料自己享用之后，发现物质已经耗尽，无法再提供给别人，不得已只能顾自己。非不顾他人也，实在是不能

顾他人也。

因为精神也有限,虽然它看起来比时间和物质更具有弹性,可以同时分享给更多人,但毕竟也属于有限的资源而不是无限资源。唱一首歌能够供很多人欣赏,但是听的人如果这次听不到,以后还有没有机会听到,则谁也不敢担保。于是在能争取的时候便不放弃,优先顾自己,难道不也是人之常情吗?

顾自己固然无可厚非,但一旦顾得过分,逾越了应有的限度,便成为自私,由此就变成了人性的第二个弱点。

> 顾自己固然无可厚非,但一旦顾得过分,逾越了应有的限度,便成为自私。

希望获得一切有利于自己的东西

自私的第一个特征是贪利。贪生怕死,都需要一定的物质条件才能够实现。而这些物质,好像都是金钱所能买到的,于是,人们就认为只要有钱便能够满足贪生怕死的欲求。但因为金钱难求,每人所拥有的都相当有限,于是让人更增强了贪图金钱、想要财物的念头。鸟为食亡,人为财死,多少人见财起贪念,只为了人无横财不富,便不顾一切,甚至舍身相求。

金钱、财物,再扩大下去,一切有利于个人的东西,无不希望获得,而且希望获得的愈多愈好,这种行为统称为贪利,这是自私的第一个显著特征。

获利之后,唯恐保持不住,担心利益不再持续增加。保持不住利益,万一在需要时没有利益,岂非等于白忙一场?利益不再持续增加,金钱可能会贬值，财物可能会失窃，房屋可能会倒塌，物质也可能被毁坏，那拥有的利益还不是等于没有？

世间的事很奇怪，能吃的时候没有钱购买；有钱购买的时候，似乎又什么东西都不能吃了；有钱的时候，衣服穿不旧、鞋子磨不破；没钱的时候，衣服不但陈旧而且破损，鞋子不但磨破了底，鞋面也起了裂痕。

> 贪了还想贪，并非因为贪得无厌，而是担心自己使用的时候不够用，必须多贮藏财物以防万一。

贫贱夫妻百事哀，是使人增加贪利的决心。因为关系再好的夫妻都经不起贫贱的考验；生活在贫贱的日子里，再乐观的人也高兴不起来。屋漏偏逢连夜雨，也增强了贪利的信心，贪了还想贪，并非因为贪得无厌，而是担心自己使用的时候不够用，必须多贮藏财物以防万一。

希望获得众人羡慕的名气

冷静想一想，马上就会发现光贪利是不够的，不安全，而且不保险。有利，如果没有名来配合，好像神气不起来；商人再有钱，见了官便觉得矮了一大截，因为不如做官的人前后都有人簇拥，显得十分威风。有利，若是缺乏名来保护，好像利益随时可能被人掠夺；商人再有钱，也要巴结当官的，生怕当官的人改变政策，自己会损失钱财。何况因名得利，看起来比纯粹求利要方便得多。

后来，人更加好名。考状元很难，于是觉得用钱捐个"理事长"

之类的虚职也算有名堂。在学术界想要出名不容易，就花钱买名牌衣服穿，照样也算是一种有名。于是造成人人自我膨胀，满街都是大师、名嘴、专家、权威、国际名流、酒廊名花，人们贪名的趋势愈来愈明显。

贪名是自私的第二个特征。

电影明星要争排名，争的是自己的名字必须挂头牌，放在别人的前面。

学生考试争名次，每个学生都希望自己每次都是第一名。

有些人有了一点小发明，马上就要申请专利；写过一些文章，立即去登记著作权，生怕自己的名被别人冒用、盗用。

电视节目上介绍某位歌星，一定要说是青春偶像、大众情人，而主持人也为了博得观众的回应，说自己是什么超级著名主持人。这些都是贪名的表现，觉得有了名气之后社会地位也会相应提升，说出去也更容易得到别人的尊重。其实这些名都是虚的，并不能永远流传下来。很多所谓的著名影星、歌星会过气，随着时间的推移，原本第一名的人也会被后来者赶上或超过。

希望享受别人没有的特权

贪名、贪利，原本是为了生存的需要，结果后来变本加厉，变成要满足个人的享受，非奢侈、华丽，誓不罢休。享受于是成为自私的第三个特征。

有利，要利于己而不利于人，已经是自私的行为。后来，发展到利于己还不满足，进而要求个人的荣华富贵，当然更加自私。一切向钱看，有了钱之后只想到自己还不是自私吗？

有名，想要自己的名越来越往上升而别人的名越来越向下沉，这也属于自私的表现。自己的名气大了之后，觉得这样还不够，还要炫耀个人的尊贵和享受特权，那就更加自私。

自私的三个特征，如图2：

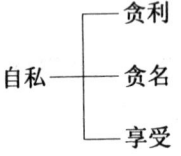

图2 自私的三个特征

你可以问一问自己：

我贪利吗？

我贪名吗？

我贪图个人享受吗？

你会发现，如果你回答不是，好像有些违心。假若回答是，似乎又觉得有点不好意思。

●●● 求快乐：快意人生人人向往

享受的主要诉求在于求取快乐。起初是因享受而觉得快乐，后来却逐渐变成为了寻求快乐而享受。于是，求快乐就成为人性的第三个弱点。

人有喜怒哀乐是很正常的事，然而人总是趋向于尽量求喜和乐，极力避免怒和哀。喜和乐经常是互相伴随出现的，又往往以乐为代表。

> 享受的主要诉求在于求取快乐。起初是因享受而觉得快乐，后来却逐渐变成为了寻求快乐而享受。

"人活着，只要快乐就好！"

"不管人家怎么讲，自己快乐，管他那么多做什么！"

这些话好像是至理名言一样影响着人们。

快乐在哪里？要向哪里去求？最基本的快乐是感官的快乐，要从个人感官需求的满足去寻求快乐。

追求感官刺激获得快乐

求快乐的第一个特征是刺激，从刺激感官来获得快乐。

在饮食上求新求变，旨在满足口和胃的刺激。山珍海味的营养未必胜过粗茶淡饭，却能够带来不同的感官刺激。

在娱乐方面极尽声色之娱，主要为满足耳朵、眼睛的刺激。五光十色，变化无穷还不够，还要在广度和深度上不断增强，而且希望刺激时时刻刻都有，最好不离身。

在运动方面，原本以健身为主，逐渐变成以高度刺激为先。练拳觉得不过瘾，还要互相击打才觉得够刺激。

觉得文字读起来很沉闷，就加一些插图；又觉得图画缺乏动感，于是改用电视；画面动起来了之后还觉得不够，还要加上彩色，并且配以音乐。一步一步，都是在通过刺激寻求快乐。

争夺得来的果实格外甜美

求快乐的第二个特征是争夺，通过竞争、夺取来求取快乐。

获得快乐的资源有限，引起众人以多逐少，形成争夺。例如山珍海味得来不易，于是以价制量，只让少数付得起钱的人享受；第一名只有一个，想得到这种快乐，就必须参与竞争。

争夺不一定快乐，然而人们却为了快乐而争夺。用"吃得苦中苦，方为人上人"来鼓励自己，以"山外有山，人外有人"来警示自己，更拿"竞争才能进步"来掩饰自己的争夺行为。

> 争夺不一定快乐，然而人们却为了快乐而争夺。

人们认为争夺所得的果实是甜美的，可以带来无比的快乐，因而奋不顾身，全力以赴。

争夺的果实固然甜美，却往往是难以长期拥有的。今年勇夺冠军，明年可能败北；这一次考第一名，下一次可能考第十名；今天吃得到山珍海味，明天也可能只是粗茶淡饭。

胜利的果实不能长期拥有，所带来的快乐也就无法持久。获得冠军时人人称羡，快乐得很；败北时无人理睬，十分丧气。考第一名时受到大家称赞，非常快乐；考第十名时听到大家的冷言冷语，觉得难以承受。山珍海味吃在口中，乐在心中；一旦买不到吃不成，就难过之极。

占有美好事物获得极大快乐

一阵子快乐，一阵子不快乐，仍然是不快乐。因为快乐的时光好像很容易过去，而不快乐的时间一日如三秋，很是难挨。

于是人们就兴起了征占的念头。能占据的，就想办法长期占据；不能占据的，也要设法征收，强行占为己有。这种征占的行为，成为求快乐的第三个特征。

看见好的东西，只是欣赏就能产生快乐。但是，唯恐好的东西不久就会消失或被转移到别处，不得不进一步占为己有，以便长期欣赏，以带来更长时间的快乐。

求快乐的三个特征，如图3：

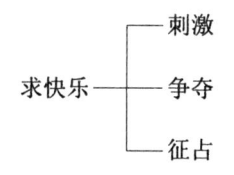

$$\text{求快乐}\begin{cases}\text{刺激}\\\text{争夺}\\\text{征占}\end{cases}$$

图3 求快乐的三个特征

请问问自己：

我寻求、追逐感官刺激吗？

我参与争夺以获取快乐的果实了吗？

我设法把喜欢的东西占为己有吗？

这三点多多少少都有，对吗？

这样，人性的三个弱点如图4：

```
                ┌─ 求生存
     人性三弱点 ─┼─ 自私
                └─ 求快乐
```

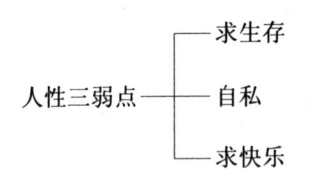

图 4　人性的三个弱点

把它们产生的过程和各自的特征列在一起,如图 5。

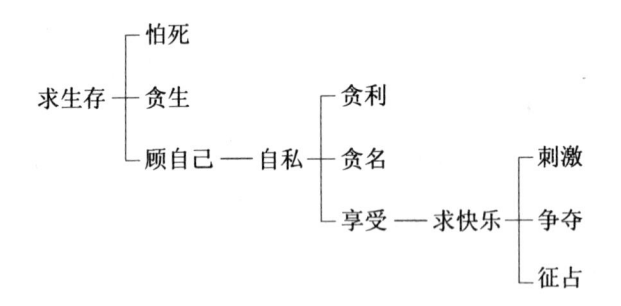

```
          ┌─ 怕死
          │              ┌─ 贪利
   求生存 ─┼─ 贪生        │           ┌─ 刺激
          │         自私 ─┼─ 贪名      │
          └─ 顾自己        │      求快乐 ─┼─ 争夺
                          └─ 享受 ──     └─ 征占
```

图 5　人性三个弱点的特征

一切都为了求生存,不料却产生不让别人生存的后果,最后也顾不了自己的生存,甚至产生为了快乐不惜牺牲生命的怪异后果,这是不是人性的弱点?

求生存原本是一件好事,怎么会变成人性的弱点呢?难道人类不应该求生存吗?

人类求生存是正当的,也是正确的念头。求生存本身没有问题,之所以演变成人性的弱点,是人的问题。

第二章
人类何以有弱点

人性中有一些共同的弱点，成为大家攻击的目标。人类的历史实际上就是互相攻击弱点的过程。例如求生存，这可以说是人类的第一个人性弱点。人类求生存是一种天性。我们所有的创造、发明，一切的制度、方法，无非是为了适应人类求生存的弱点，才逐渐研究出来。求生存是人类共同的欲望，也是人类能够生生不息、绵延不绝的主要动力，为什么求生存会成为人性的第一弱点呢？因为从求生存中衍生出了很多问题，既令人头疼又摆脱不了，所以称其为弱点。

弱点并不是缺点，当然也不一定是优点。弱点因应得好，就成为优点；因应得不好，便成为缺点。因应的策略很要紧，用对了策略弱点成优点，用错了策略弱点变缺点。

> 弱点并不是缺点，当然也不一定是优点。弱点因应得好，就成为优点；因应得不好，便成为缺点。

例如人类求生存，必须觅食。于是觅食成为求生存的一种方式，设法获得若干食物，以维持生命。可是当我们有了食物之后，常常忘记了食物只是为了维持生命的，于是开始转移目标，追求色、香、味，讲究烹调技巧和饮食气氛，这就造成易受攻击的弱点。

求生存演变到求美食的程度，就会造成：妻子以独特的烹调口味来控制丈夫，餐厅以特殊的饮食情调来吸引顾客，而社会也以饮食配合节庆，以求塑造民俗风气。这些基本上都是针对人性求生存的弱点产生的种种花样。

需要饮食是人类的共性。采取哪一种饮食策略，则各人并不相同，从而形成各人不同的饮食习惯。饮食策略正确，由饮食而获得生存、健壮而且均衡发展，当然是优点。饮食策略不正确，因为错误的饮食习惯带来若干不良后果，反而有害于身体，不利于生存，变成一种缺点。人类为了求生存，饮食是必需的，这种人人共同的需要，既非优点，也不是缺点；可以形成优点，也可能变成缺点，所以称其为弱点。

人性的弱点很多，而且具有层次性。饮食、居住、衣着、交通设施，深入分析下去，都是为了求生存。人类所需要的饮食、居住、衣着、交通设施，在各地区、各民族，发展出不同的花样，但是基本目标、根本要求则一致都为了生存。我们如果在饮食、居住、衣着、交通设施这个层面上大做文章，当然也无不可。然而追根究底，一层一层深入，找出最为根本的弱点，不但容易记忆，便于应用，而且简单明了，化繁为简。

> 人顾自己并没有什么不对，不顾自己顾谁？但是只顾自己完全不顾及别人就不好了。

求生存并无不对，人人都需要求生存。过分怕死不好，不怕死也不好。贪生贪得合理，很好；贪生贪得不合理，就不好。人顾自己并没有什么不对，不顾自己顾谁？但是只顾自己完全不顾及别人就不好了。

自私也没有什么不对。人不自私，天诛地灭。贪利、贪名，只要不过分，也都属于人之常情。贪图享受，如果保持在合理的程度也是应该的。

求快乐有什么问题？人生本来就应该快快乐乐的。有刺激才会产生反应，才能维持生机。争夺若能秉持君子风度，那么，有竞争才能有进步。征占如果是形势所逼，相信也没有人会反对。

人性的弱点本身都没有问题，假若不正当、不恰当地运用人性的弱点，就会产生严重的问题。

王甲为了赴宴，排队等待公共汽车。由于正值下班的时间，等待坐车的人很多。王甲有一些心急，生怕挤不上车。

他的第一个期望是公共汽车来了之后务必要停。千万不要过站不停，让他一点机会都没有。

公共汽车来了，逐渐减速，好像真的要停下来。王甲的第一个愿望眼看就要如愿以偿。这时候他又有了第二个愿望：只要挤得上去，怎么挤都无所谓。大家挤一挤，彼此包容。

车停了下来，王甲顾不了那么多，低着头向前挤，好不容易挤上车，不由得抱怨："怎么那么挤！"

没有人理他，却似乎同时在指责他："是你挤上来之后，大家才挤的。不然你下去试试，我们哪里会挤。"

王甲当然没有听见这些人心中的话，他一心一意想找一个能站得稳当的地方，觉得自己只要双脚站妥，身体站直就行了。

站稳之后，王甲的眼睛到处溜，看座位有没有一点小缝可以挤进去，觉得哪怕只坐三分之一屁股也比站着好。

有两位好心乘客挪一挪，给他让开一个小空间。王甲坐下去，真的只坐了三分之一屁股，却也心满意足。

然而才过了不到一分钟，他就觉得很不舒服。为什么同样买一张车票，别人可以坐得那么舒适，自己却要如此委屈？于是心一狠，屁股一用力，把两旁的乘客挤开了。刚才还是好心人士，顷刻之间已经成为无情的竞争者，不如此，怎么能够做到适者生存呢？

可见人的欲望是无限的，人的目标也会随周围环境的变化而发生变化。当没上车的时候，最大的目标就是上车，上了车之后，最大的目标就变成了想要个座位，有了座位以后，最大的目标又变成想坐得舒适了。这个过程中体现出了人性中顾自己的一面。那么，人类为什么会有这些弱点呢？

●●● 生命有限而求长生

先从"求生存"说起。

人活着的意义是什么？各种宗教对此有不同的解释，各派哲学也有不同的主张。但是，对于人的一生来说，生命毕竟只有一次。只有一次的机会当然十分宝贵。

就算真的有轮回这回事，人死了可以重新投胎，再生为人，那也已经不是此生，而是来生。此生对此人而言，仅有一次，当然要求生存，以免来去匆匆。

然而，求生存并不一定要人人都重视传宗接代。今日世界之所以承受着巨大的人口压力，就是因为人人在这一方面都当仁不让，弄得人多问题也多。

站在优生的立场，有些人不但不应该生男育女，以免繁衍更多的人口，而且不需要活得那么辛苦，一定要活到什么阶段才死去。从这个角度看来，有些人应该怕死，有些人则简直连怕死的资格都没有。

贪生也是一样，人不应该一味追求活得长久，应该同时注重生活的品质。我们当然希望长寿，但要健康，不受老来开刀之苦，其实健康和长寿同等重要。大家都贪生，造成今日社会到处老龄化，带来许多麻烦，也产生很多问题。由此看来，对某些人来说，好像也不应该贪生。

> 人不应该一味追求活得长久，应该同时注重生活的品质。

顾自己呢？既然人有不同的天命，具有一些先天的不平等，例如智商、身高、寿命等等，若是各人只顾自己，岂不是好的更好而差的更差？再加上一些后天性的不平等，对人类社会并没有好处。

人有怕死、贪生、顾自己的本性，但是按照上面的分析，看起来似乎没有必要，是不是果真如此？

此生不论好坏、长短，总归是来了。既然来了，就应该留下一些痕迹，空来空去，好像不太好。留下什么呢？想来想去，人们觉得留下一男半女最实在。传宗接代被称为人生大事，想来十分有道理。

站在优生的立场看，谁又知道谁的素质比较高？而且有时优秀父母也会生出恶劣子女，有时歹竹却生出好笋。变数很大，谁又能够料定呢？自己再差，照样可能生龙生凤。你看，不是大部分的人都这样想吗？我又何苦妄自菲薄？在尚未留下一鳞半爪之前，当然应该怕死。

生活的品质其实并不客观，我认为良好，便属良好，其他的人不是我，怎能代替我来判断好与不好？健康的标准也不确定，多少人残而不废，谁敢说他们不健康？任何人都有生存的权利，老人社会也有它的好处，最起码不至于大家火气都那么大，那样好斗！

贪生，应该是人人平等的权利，没有人应该受到限制。今日的绝症，说不定过不了多少时间便有特殊药物问世能够治愈，不等行吗？不贪生岂不等于送死？

至于顾自己，那真是天经地义的事。干脆称其为自私吧，只要足够坦白，谁能否认自己多少都有一些自私的心理，甚至无事不自私？

求生存和它的三个特征见仁见智，各人有不同的认识，也有不同的评价，这是人的问题，只能各自解决。秦始皇那么厉害，也只能够求自己的长生，无法阻止他人为求生存而逃亡。

●●● 物质有限而谋利益

再说自私。虽然说人不自私，天诛地灭，但是人人自私，也必定天诛地灭。

时间有限，这只是针对个别人而言的。愚公移山的故事告诉我们，相信一个人终其一生不一定能够把山移走，但是这个人死亡之后，他人接续，只要不间断，终究会将山移走。真的有心推己及人，就不至于认为物质有限了。人多馒头少的时候，若是大家能够少吃馒头多喝水，撑撑肚子，不也就忍过去了？

精神当然是无限的，因为既然以精神为皈依，就不应该计较物质的有无、多少、轻重或先后。我精神上支持你，即使什么都没有，只有精神，这种精神也是无限的。精神上支持一个人、一个家庭、一个团体，乃至一个国家、整个世界，有什么作用？从个人角度看，作用非常有限；但从整体角度看，作用往往无限扩大。

石油用完了，还可以有其他替代品；所有运输工具都不能用的时候，双脚依然可以走路。在这种情况下，有贪的必要吗？

名和利，到最后都是一场空！

自古以来，大家只记着某人的过失，却很快忘记他的功劳。功没过存是"不求有功，但求无过"的主要依据。很多人汲汲功名，不惜牺牲他人以求建立自己的功劳，不知道为的是什么。

孔子非常伟大，但是孔子是谁，谁又是孔子？孔子生前，孔丘便是孔子，孔子即是孔丘。孔子逝世以后，孔子变成一个符号，代表曾经有那么一个人，现在只是活在人们的心中，却找不到具体人物的存在。就算孔子真的再生，清清楚楚地表现孔子的一切，我们也只能推崇他为"孔子再世"，并不会认定他就是孔子，所以孔子的高名相对于孔子本人来说也是空的。

快乐和悲哀，前者容易忘记而后者难以忘怀。享受周末，使许多人下周一上班时更加痛苦；享受假期，可能会增加财务的负担；双方对享受方法的意见不合时，也会增加彼此的苦恼。

何况人的欲望似乎永远没有止境。由俭入奢易，而要从奢侈的生活返回俭朴的日子非常困难。生活水准只能逐步提高，而提高之后，却仍然觉得不满足。

不过，以上的分析也不足以证明自私的三个特征都不值得追求。

好汉做事好汉当，每个人都要为自己所做的事负责。那么，愚公这一辈子没有把山移走，就算是功亏一篑，对愚公而言，毕竟不无遗憾。他既没有把握有没有人会继承他的遗志，也不知道继承的人会不会改变他的计划，或者将愚公的计划全部据为己有，让后世只知有他，不知有愚公。

> 好汉做事好汉当，每个人都要为自己所做的事负责。

僧多粥少的时候，让少数僧人吃得饱些，可以活下去，也许比大家都分吃一些，最后都饿死要妥当得多。这少数人大概就是那些善于争名夺利的人，这样的人平时多用心于争名夺利，必要时就会获益不少。

精神也不一定无限，支持我就不能支持别人，否则怎么叫全力支持？精神会产生力量，就在于有我无他，不能支持所有人。从整体看精神固然无限，但"我"既然是个体，就有个体的立场。"我"只重视个体的部分，认定时间是有限的，"我"所能掌握的资源也十分有限，这根本是不可否认的事实。我只关心个体的部分，不关心整体的全部，从某一角度来看，相当守分，显然并无不妥。

谁都知道名和利最后都是一场空，但大家所追求的是未到最后时刻尚未成空的名和利。将来怎么样不去管它。现在有名，就可以接受电视台记者的访问，享受现在的人前风光。

功没过存，是由于一般人都患有嫉妒症，而且善于挑小毛病。如果大家都不求有功，但求无过，世界怎么会进步？功劳可能会被大家忘掉，但实际的贡献将永存人间，怎么可能"没"呢？人死留名，孔子已经逝世两千多年了，孔子的名却永远流传着，实实在在地留了下来。

与名利比起来，享受更为真实，好吃的东西，想起来就垂涎三尺；穿得华贵，到哪里人家都对你敬重备至；坐名贵车，注目的人自然多些；听好的音乐，也会让人觉得格外愉快。

●●● 本能需求而逐快乐

至于求快乐，同样是各有见地，而且好像怎么说都有道理。

先说快乐的定义，不但各有分歧，而且说法众多，简直是迄无定论。

有人重视物质生活，认为物质可以带来快乐。有人偏重精神层面，也有人兼顾精神和物质双方面。同样是兼顾，也出现了很多不同的主张。

一般人总以为快乐和贫富有很密切的关联，认为金钱万能，金钱可以主宰一切，可以买到所需要的快乐。事实上，快乐和贫富并没有必然的因果关系，有快乐的穷人，也有不快乐的富翁。金钱至上，确实可以买到想要的空间、各种物质。但是拥有金钱的人也伴随着很大的危险，随时随地都可能被绑架、被撕票，赔掉健康甚至性命，哪里还有快乐可言？

> 快乐和贫富并没有必然的因果关系，有快乐的穷人，也有不快乐的富翁。

追求感官的刺激好像是一般大众追求快乐最方便、最快捷的途径。但是，读书的快乐，只是少数有心得的人才求得到；为官的快乐，也不过是少数仕途得意的人才能得到。于是感官的刺激必须逐渐加重，否则普通大众很快就会觉得乏味而不快乐。追求感官的快乐反而产生很大的痛苦，恐怕是很多人始料不及的。有毒品就有人要用，于是引起警界的穷追严惩。就算会受到重罚，照样也有人推陈出新，不断开发出新花样，让更多的人冒险，也使得警察更加疲于奔命。

要争夺，谁不想只是君子之争，不用争得面红耳赤？然而一旦涉及争夺，必然会情绪高涨，理智退隐，不斗得你死我活，怎肯罢手？争夺什么？起初是争夺快乐，后来却变成以争夺为快乐。政客、大企业家、赌徒、杀手，都舍不得离开争夺，对争夺乐此不疲。

大家都退让而不争夺，似乎也不好。让来让去，某种东西如果大家都不要，到底要让给谁？甚至有人认为凡退让都是假的，不过是虚晃一招，最后还是当仁不让，这种以让为争的方式不过是多一重面具而已。

征占更是奇怪，轻易即能占有的东西人们往往不想要，想要的东西又占有不了。世界上最大的钻石，谁不希望占为己有？结果却什么人都占据不了，只能安放在博物馆里。谁都想要的东西，如果谁都得不到，大家还处心积虑，费尽苦心有什么意义呢？

退一步想，若是谁都不希望占有钻石，钻石还能成为宝贝吗？大家不要的土地，被称为荒岛，人人视而不见的东西就是废物。

人类求生存、自私、求快乐，原本都不是问题。但是由于脑筋不清楚、观念模糊，因而产生了很多困扰，终于成为人性的弱点。

凡是有生命的都会求生存。动物如此，植物亦然。生物具有生命，无不尽力求生存。人类的智慧使我们善于因应植物求生存的性质，对植物予取予求。希望某种植物多繁殖一些，就利用这种植物求生存所需要的因素，尽力给予满足，以达成人类的欲望。希望某种植物减少，也利用这种植物求生存所需的因素，尽量加以控制，使其失去作用，这种植物自然就会减少。

狗要求生存，狗主人利用狗求生存的本能来加以控制，教它看门、捡东西，甚至依仗主人的势来看扁别人。爱狗的人对狗求生存的本能十分熟悉，而狗从这些人身上的气味也嗅得出他们是爱狗的人，因而彼此喜欢，很容易拉近距离。

人类利用动物求生存的本能，还设计出各种捕捉动物的用具和陷阱。从这个角度来看，动物求生存有时候也成为一种弱点。

作为万物之灵的人类求生存的欲望，也被同类用来作为统治、领导、驾驭、控制的主要诉求，成为不可避免的弱点。当然，人类的观念、行为比动物更加复杂。我们求生存，随着时代的变迁、环境的改变，逐渐演变为自私，还以求快乐来替自己找借口，弄得比动物更苦恼。

白居易晚年写了一首七言绝句："蜗牛角上争何事，石火光中寄此身，随贫随富且欢乐，不开口笑是痴人。"人生苦短，不管贫富，都应该笑口常开，快快乐乐度过一生。但是，白居易自己做到了吗？恐怕也未必。

> 人生苦短，不管贫富，都应该笑口常开，快快乐乐度过一生。

美国有一首民谣，大意是：有人吞下一只苍蝇，赶快吞下一只蜘蛛去捉苍蝇。想想觉得并不妥当，于是赶快又吞下一只小鸟，去把蜘蛛吃掉。

小鸟怎么办，这首民谣没有给出答案。可是人类的欲望，似乎正是如此这般：求生存先是怕死，死不了就要贪生，怕死贪生造成只顾自己，顾自己过分了就成为自私。自私先是贪利，然后贪名，有名有利之后就贪图享受。享受由刺激入手，继以争夺，终于兴起征占的念头。原本只是单纯的求生存，最后演变成为征服别人占据喜爱的东西，甚至连生命都可以放弃，竟然违反了求生存的初衷。这样的人类，弱点是不是很明显而令人觉得怪异呢？这种明显而怪异的现象，是不是人的问题呢？

●●● 因为有理想，所以有弱点

根据《圣经·旧约·创世纪》记载，上帝创造宇宙万物，每造出一件物品，都点头称"善"。但是把人创造出来时，并没有称"善"，反而给了人三项祝福，那就是：

一、个性完成；

二、传宗接代；

三、统治世界。

个性完成就是完成自己的人性，属于独善其身。在所有动物中，人是唯一能够自我反省的动物，把自己当作研究的对象，不断认识自己，调整自己，乃至完成自己。人的自主性才是真正的人性尊严。

人在了解自己的过程中，发现上帝有意把自己造成一半，有意要这一半去追求另外那一半，因为唯有如此，才能够完成传宗接代的使命。

大家都热衷于传宗接代，人愈来愈多，秩序也就愈来愈乱，这时候需要有些人出来，想办法统治这个世界。怎么统治呢？想来想去，只有充分因应各人个性完成传宗接代、统治世界的愿望，在一步一步达成愿望的过程中，设法加以辅导，从而完成统治世界的使命。

但是上帝造人，并没有采用现代化品质管制的精神，将人性的素质加以严格控制，反而采取随机分配的方式，给人以不同的习性，造成各色各样、品质不一的人，也因此形成多彩多姿的人类世界。

这种随机分配，其实也不是真正的、完全的随机，还是有原则、有规律的。从各方面观察分析，上帝造人并不是按照二分法的方式，把人造成好人或坏人、善人或恶人、美人或丑人。而是采用了三分法，把人依上、中、下三大区隔来随机分配。

上人是人类最少的一种，这几乎是大家一致的见解。有一些人十分喜欢自称为"上人"，便是出于这种以稀为贵的心理。至于是中人较多，还是下人较多，那就有不同的看法。有人认为中人人数最多，下人反而和上人一样人数不多。有人则认为中人与上人相比人数较多，而下人人数最多，因为大多数人都是糊里糊涂过一辈子的。

长久以来，人类推崇上人，向上人学习。不管上人所使用的是宗教还是哲理，人们总虚心地接受。现代民主化潮流淹没了上人的光辉。大家把宗教势力浓厚的中古时期称为"黑暗时期"，将圣人的哲理看成"愚民政策"，动不动就指称以往民智未开，现代人知识丰富，见多识广，好像每一个人都已经是上人了。

不错，现代人很少迷信宗教，但是所有的理想也跟着消失了。大家只看到物质世界的繁荣奢侈，根本无视精神生活的贫乏肤浅。

> 现代人的人性弱点，以求享受为重点，其他的一切都变成这一重点的附属品，形成扭曲的人性。

科技发达更凸显了物质的重要。大家对现实生活中物质的部分，看得清清楚楚，当然就会毫不犹豫地全力追求物欲的满足。现代人的人性弱点，以求享受为重点，其他的一切都变成这一重点的附属品，形成扭曲的人性，如图6。

在经济上，拼命增加生产，造成激烈的竞争：为了降低成本而力求自动化，制造失业人口；所有艺术、文学、体育，都针对人们的声色口腹，不但商业化，而且粗俗化。一切讲求包装，样样都被广告左右了。

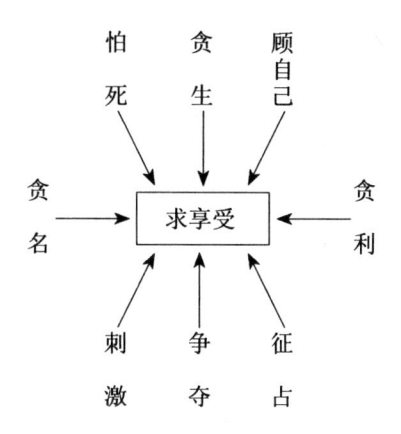

```
        怕    贪    顾
        死    生    自
                   己
                ↘ ↓ ↙
  贪 名 →    [求享受]    ← 贪 利
                ↗ ↑ ↖
        刺    争    征
        激    夺    占
```

图 6　现代人扭曲的人性弱点

在生活上，为求享受，甚至可以不顾自身的安危；贪名、贪利的目的都为了享受；除了饮食男女的刺激以外，其他都不关心；所有争夺、征占，都没有理想，只求能够自己享用；奢侈不算罪恶，一切都以金钱为衡量标准。

凡此种种，都证明现代人把享受放在了第一位，忘记了下面两个事实：

一、人的欲望无穷，享受的满足永远难以达成；

二、愈享受，结果愈不满足。

现代人最好反省一下，享受应该是双方面的，一方面需要外在的物质条件，一方面需要内在的精神力量。而内在的精神力量来自人们的理想。缺乏理想的人，物质条件再充足，也不能获得真正的享受。

第一，享受是人类求生存的延续目标，不是单一目标。为了享受而吸毒，结果对自己的生存构成很大的威胁，这种享受便是缺乏理想的享受。人一生下来，便具有求生存的本能，这是人类痛苦的根源。人的一生，都离不开求生存的痛苦。享受的结果，如果是增加人类求生存的痛苦，那就不是良好的途径。享受的结果，必须能够减轻求生存的痛苦，对身心健康有益，那才是正途。

第二，享受的目的在于求得快乐，可见享受并不是最终的目标。快乐有内外两种途径，刺激、争夺、征占都在描述向外求取的方式，必须配合内心的宁静与安然自得，才能获得真正的快乐。内心的宁静与安然自得来自正确的理想。现代人缺乏理想，内心不得宁静，愈向外求取物质方面的享受，内心愈难以安然自得，什么疏离感、不安感，都因此产生了。

> 快乐有内外两种途径，刺激、争夺、征占都在描述向外求取的方式，必须配合内心的宁静与安然自得，才能获得真正的快乐。

第三，人类无法单独求生存，必须与他人共同生活。个人的享受，对共同生活的正常发展有害无益。有钱人关起门来享受，好像穿着锦衣夜行；公开地享受，却又害怕引起别人的嫉妒，招来料想不到的伤害。不公开不好，公开也不好，怎么能够怡然自得呢？可见独乐乐还是赶不上众乐乐。一个人独自快乐，终究比不上大家一起快乐。而大家一起快乐，必须拥有共同的理想，才能乐得起来。一群人在一起，缺乏共同的理想，怎么能够乐在一起呢？这样说起来，现代人最大的缺失在于没有理想。大家盲目地追求享受，不去追究什么样的享受才合乎理想。总觉得是因为自己努力不够才不能获得快乐，以致努力再努力，却愈来愈感觉不到快乐。

没有理想就不知道怎样选择正确的策略。现代交通发达，资讯快速交流的结果是各种言论、各种主张，听起来都有道理。缺乏理想的人很容易迷失在多元化的世界里，而不知道如何完成自我。

相信道理的人，面对形形色色的道理，不知道应该怎样去选择，因为各种道理，都在自我标榜，彼此否定，叫人难以分辨。

相信广告的人，面对五花八门的广告，更是看得眼花缭乱，轻易相信某一种广告就会上当。因为各种广告都在极力吹嘘，说得天花乱坠，谁也不知道真实性如何，可靠性又如何。

> 现代人最大的缺失在于没有理想。总觉得是因为自己努力不够才不能获得快乐，以致努力再努力，却愈来愈感觉不到快乐。

第三章
人类历史就是彼此利用弱点的历史

历史就是人类彼此利用人性弱点的过程。看起来好像都是聪明人在利用愚蠢的人，实际上愚蠢的人同样在利用聪明的人。

神权时代，少数装神弄鬼的人为满足大家求生存的需求，用大家搞不懂的神鬼来增强个人的名和利。

君权时代，君王以文武百官来满足大家贪名、贪利的欲望，更以掌握生死大权来控制大众的生存弱点。

民权时代，大家各显神通，纷纷以专家、学者、政治家、资本家等头衔，企图利用大众的人性弱点，得到自己想要的东西。

网络时代，媒体的科技化、普遍化、深度化让大家对人性的弱点看得更清楚，更增加了对人性弱点的利用。

李老师把课文解释完毕，要学生猜一个谜，轻松一下。大家听说要猜谜，便异口同声地要求："不要太难喔！"李老师循例回答："保证很容易，一点儿也不难！"李老师拿起粉笔，先写上联："二三四五。"转过头来问大家："这几个数字，大家认识吧？"

大家热烈回应："认识。"看来好像真的不难，大家都很兴奋，觉得老师没有骗人。

李老师继续写下联："六七八九。"

大家不用说也都认识这几个数字，只是不明白老师要做什么。

"大家根据这一副对联，猜一件人生大事。"

大家猜来猜去，竟然没有一个人猜中。

"老师，谜底是什么？"

"非常简单，大家注意听，二三四五，缺什么？缺一对不对？六七八九缺什么？缺十对不对？合起来就是缺一少十，所以谜底是缺衣（一）少食（十）。"

"这和人生大事有什么关系？"

"人生的大事，就是穿衣、吃饭、生活嘛！缺衣少食，当然是人生大事了。"

"现代人丰衣足食，哪里还会缺衣缺食？难怪我们猜不到。"

"仔细想一想，大家在这里认真学习，主要目的还不是怕有一天会缺衣缺食，才提前做好准备？"老师说。

"对，衣食是人类的弱点，希望有一天我们找到好的'衣食父母'，才对得起老师的教导之恩！"

●●● 神权时代利用鬼神让人敬畏

整部人类文明发展史就是人类彼此运用人性弱点的记录册。刚开始好像是聪明人在利用愚蠢的人，往深一层观察不难发现，愚蠢的人也在利用聪明的人。人与人互动才创造出了辉煌的历史。有人在幕前表演，有人则在幕后默默地工作，如此而已。

各种民族虽然发展出各自不同的文化。但是究其发端，似乎都摆脱不了"少数聪明的人，装神弄鬼以满足大家求生存的需求"。

古代民智未开，先民知识匮乏。当时人的生命很短，对于方生方死觉得惊奇、恐慌而不解。死亡的压力很大，周遭所发生的现象，诸如闪电、打雷、狂风、暴雨、山洪、火灾等等，他们都觉得好像和生死有相当大的关系，因而十分好奇，急于追问究竟。

问来问去，大家都茫然无知。于是聪明的人就提出假想，说是雷公、雷婆打架，山神、水神发怒，大家居然也都信以为真了。以后每逢看不懂的怪异现象，还会来向这些常常提出假想的人请教，更增强了这些人的信心。这种情形，有如现在写科幻小说的人凭着自己的想象编造一些故事，若是读者反应热烈，就会愈写愈起劲，用心假想更多的科幻故事来满足读者的需求。

满足顾客的需求和掌握顾客的弱点有没有不同？好像后者可以包括前者，前者反而不如后者范围那么宽广。例如一双皮鞋在鞋面上做出鳄鱼皮一样的花纹，或者一双高跟鞋将高跟的部分做成可以活动的，可以变换不同的颜色和式样，这是满足顾客求新求变的需求，也可以说是掌握顾客追求刺激的人性弱点。比如一双鞋定价为99.99元，很容易解释为针对顾客贪小利的人性弱点，却很难说明为满足顾客觉得这样比较便宜的需求。

神鬼代表"我们搞不懂的"东西，到现在仍然具有这样的意义。如果一个人投篮，他瞄得细心、投得用心，对这个球投进篮筐有信心，结果取得两分，我们会说："真准。"其实这句话的意思是"一点儿也不神"。然而，如果一个人投篮，瞄也不瞄一下，顺手一投，居然投中，我们会说："真神！"因为我们搞不懂球怎么会进篮筐。

初民时期，生活环境非常单纯，个性差异很小。任何人想要以"人"的身份来提高自己的价值，实在十分困难。用大家搞不懂的神鬼来神化个人的地位，就成为神权时期聪明人利用人类求生存的弱点而装神弄鬼的主要法宝。

借神之名，假鬼假怪，逐渐加强了某些人在人群中的地位。这些人希望群众做什么事，只要假借神鬼的旨意，大概都可以获得群众的认同。

"神要大家工作六天，休息一天。"果然形成了七日一周的作息制度。

"夜晚容易闹鬼，最好在家休息。"也成为某些地区"日出而作，日落而息"的生活习惯。

"月神比较温柔，不伤害人，不像太阳神那么暴虐。"造成某些地区以月出为一天的开始，而傍晚工作，白天躲在室内休息也成为一种可行的方式。

久而久之，群众对这些神鬼的代言人有了信心之后，这些人就开始尝试着不再借神之名，直接说出自己的意见，而群众居然也欣然接受。

把神鬼利用得差不多的时候，人们开始逐渐摆脱神鬼以建立个人的地位，由此进入了君权时代。

●●● 君权时代利用纪律让人服从

谁获得大众的信仰，谁就被视为君王，谁就可以发号施令，号召大众。

君王为了满足大众的需求，便用心利用植物和动物来促进人类的生存。教导大众从事游猎、畜牧或农耕，以减少死亡，延长生命。

刚开始君王也许并没有树立规矩、制定法律的意思，一心一意只想让大众各自安分地耕种自己的田园，饲养自己所需要的家畜，吃自己采摘的果菜，喝天然的河水，平静地过日子。

但是，寿命逐渐延长，一方面稍微减少了众人对死亡的恐惧，一方面又造成人们为了增长寿命而处心积虑，各出奇招，变出了很多花样。

聪明人当君王，另外一些聪明人则安分守己地自得其乐。偏偏有一些愚蠢的人，自作聪明而又自以为是，不但不安分守己，而且玩出许多花样，制造许多问题，迫使君王立下许多规矩，定下许多法律条文。

君王要求生存，必须设法控制群众，以维持群体的秩序，巩固自己的地位。某些愚蠢的人，好像在利用君王求生存的弱点，提出若干要求，结果使君王理直气壮地立法、定规矩。

立法、定规矩之后，就需要若干执行的人。于是君王不得不用掌握的生死大权来利用执法的人，以贪利、贪名、贪图享受来满足这些人的欲望。这样一来，就形成文武百官的种种制度。

自私的风气一旦形成，必定会愈演愈烈。即使少数贤明人士苦口婆心地警戒和劝告，也无济于事。

中国古代有一则寓言，说有一个地方人人都饮用"狂泉"的泉水，以致大家都疯疯癫癫的。有一位外来者，觉得这样很不正常，因此决定不饮用"狂泉"，以免自己也变得疯狂。结果，当地人都认为他们的举止行为是正常的，只有这位外来者显得很不正常。自私这件事也是同样道理，大家都自私，反而认为不自私的人很奇怪，这也是正常现象。

君王如果一本初衷，自己没有贪利、贪名、贪图享受乃至希望持久占有利益的弱点，就不会引起众人的反感以致被推翻。然而君王是人，也有人性的弱点。加上位高权势大，弱点更容易暴露无遗，结果就会专横霸道，导致犯众怒而被打倒，于是就进入了民权时代。

君权时代，大家因为怕死，不敢轻易冒犯上级，遑论造反。为了贪生，必须遵守规矩、按照制度，一切依令而行。为了顾自己，必要时就会告密以出卖亲友。为了贪利，坚持服从为负责之本。为了贪名，不惜十年寒窗苦读。为了贪图享受，考中状元后抛弃发妻，负心当驸马爷。虽然说弱点已大部分为君王所利用，毕竟他们也可以相当安全地获得一些报酬。

但是君王当然要比一般人享受更多，于是追求刺激，搞成酒池肉林。嗜好争夺，恨不得集天下珍品于一堂，供自己享用。企图征占，号召群众向外侵略以扩张势力。官员和百姓为了个人的名利和享受反过来利用君王的弱点，争先献策以求立功，身先士卒以求成名，结果民不聊生，把君王陷于不仁不义的境地。

可见君王运用人性的弱点只要不过分，大家就会乐于听命。君王克制自己的弱点，不要过分放纵自己，也可能会秦始皇、秦二世、秦三世，以至千百世。事实上人的欲望并无止境，简直一发不可收拾，以致号称始皇，却传至二世便告停止。

其实，君权时代并不是完全没有好处。我们之所以唾弃君王，是因为圣明、大公无私的君王可遇不可求，实在非常难得。就算有幸遇到这样的君王，恐怕也不会持久圣明，因为权力使人腐化，拥有权力之后不久，很多君王就会不圣不明而私心很重了。

●●● 民权时代利用观念控制自由

进入民权时代，情况如何呢？

孙中山先生首先提出要推翻清朝统治，目的是要使所有的人都当自己的皇帝。理想是很好，结果却愈来愈乱糟糟的。

人人都当皇帝，意思是不是谁的欲望都可以从君权时代只能求生存、自私，发展到以往只有君王才敢明目张胆去做的找刺激、搞争夺、强征占呢？

君权时代，许多人也偷偷地找刺激、搞争夺、强征占，但局面不敢太大、对象不敢显著，而且尽量不张扬，以免被揭发，被指为目无王法，而惨遭刑罚。

进入民权时代后，人人都当自己的皇帝。人们看得清楚，印象最深刻的反而不是圣明的君王，而是不折不扣的残酷的暴君。于是人人当皇帝就等于人人当暴君。法国当年推翻君王暴政之后，所产生的暴民比暴君还要厉害，更加残酷。

孙中山先生当然不是这个意思，但是孙中山先生如果是皇帝，大家会听他的解释，不敢随意曲解他的意思。结果孙中山先生既然放弃了自己当皇帝的机会，要人人都当皇帝，于是人人都可以随意解释他所说的话，丝毫不需要有所顾虑、有所畏惧。不然，怎么称得上"君权已成过去，民权已经到来"？

自由理解使权威不复存在

孔子当年向学生说"吾不如老圃""吾不如老农"，以孔子的修养，这应该是一句谦虚的话，用现代的用语，相当于"对专家给予应有的尊重"。君权时代，君王利用了孔子思想，就没有人敢随意曲解孔子的言论。

民权时代，人人都有曲解孔子言论的自由。于是，有人这样说："孔子整天讲治国平天下的大道理，对于技术、劳作却十分轻视。学生向孔子请教农业耕作的技术，孔子很不高兴，并不加以鼓励，只是淡淡地说'吾不如老圃''吾不如老农'，充满了轻视和鄙视。"

谈到技术，孔子也曾说过："虽小道，必有可观者焉，致远恐泥。"以孔子的素养，应该是说："技术虽然只是小道，但是也有值得学习的地方。不过一个人如果专门注重技术，有许多地方就会行不通。处世行事，在技术之外，还有更多其他的东西值得我们学习。"

结果民权时代把这句话解释为："技术只属于微不足道的小道，并不值得深入研究，以免不小心陷溺其中不能自拔。"

通过一首《钱来也》的歌词，也可以看出大家的观点是如何的不同。这首歌很简单，只有四句：

钱来也，免欢喜。

钱去也，免伤悲。

生不带来，死不带去。

有钱无钱，由在天。

有人解释为"小富由俭，大富由天"，所以必须节俭，注重储蓄，以便积少成多。有人指称"小富由俭，大富由天"，如果没有致富的命，再节俭也富有不了，何必储蓄，不如花掉算了。有人说这样的观念太消极，其实天下无难事，只怕有心人，要富并不难，只要用心就行。也有人说这样的观念十分积极，要人们不要因为目前没有财富而泄气，应该以乐观的心情，积极的努力，以期有朝一日，成为富有的人。

然而，不管怎样解释，总归都会成为一种念头。而每一种念头都会呈现出一种弱点，便于供人利用。

神权时代和君权时代，人性的弱点比较受制约，已经足够被利用。民权时代人性的弱点有更自由的发挥空间，当然更是因为大家竭尽心力，想出各种花样，来加以利用。

资本家鼓吹人应该自私，一切财产最好都由公有变成私有，这样大家才肯认真努力。以往大家只敢偷偷地争夺，如今有人公然号召"贪婪并非罪恶"，还逐年公布世界大富翁的大名，那么，人们为什么不全力以赴，为自己争夺财富呢？

政治家看到整个社会90%的人重视生存和安全保障，便提出要降低税收、提高养老保险水平、改善医疗保险制度，通过掌握广大民众的人性弱点而当选为人民的代表。

人人都是皇帝，人人所选出的代表当然都是皇帝的代表。民权既可以解释为"人民的权利"，也可以解释为"人民选举出来，用以代表人民行使权利"，更可以解释为"当选前尊重人民的权利，当选后人民就应该接受我的权力"。

思想家针对人性弱点，在君权解体之后，想出种种花样，言论众多而且花样百出。

自由其实不等于平等

一般人对于自由的层次分不清楚。以为自由就是自由，对什么人来说都一样，所以常常把自由和平等连在一起。

其实，人一开始是不由自主的。要不要生而为人，出生在什么样的家庭，孩童时期过什么样的生活，接受什么样的教育，甚至以哪一种语言为母语，完全是不自由的，任由他人安排，自己丝毫没有自主的余地。

长大以后，逐渐能够自行思考，自己独立，这时候才获得一些自主性。可以自己选择职业，能够自己决定行动，还可以追求自己喜爱的事物。虽然说自由的范围实在相当有限，但是和童年时期一切依赖父母或他人相比，当然要自由得多，感觉上好像真的能够自主了。

然而，人终究是会老的。老年人首先面临的问题是生理机能的衰退，逐渐难以自主。退休以后，种种问题随之产生，觉得愈来愈不能自主。

可见以人的年龄来划分，一个人由不能自由自主到获得自由自主，最终又将恢复不能自由自主而结束一生。

如果依社会地位的高低来区分，也不难发现同样的状况。社会地位低微的大众，哪里有什么自由自主的可能？社会地位高的人制定一些法律条文，就可以把大家的行动约束得动弹不得；轻易地用"法治"和"守法"这些动人的名词，便把社会大众管制得失去了自由。

西方人为了争取民权而掀起抗争，便是有感于社会上的种种规定实际上已经阻碍了自由。当政者多半用"合乎我的规定，便是自由"来妨害人权，却不承认他的这些规定已经使人不能自由。

往昔实行君主政治，君王可能拥有自由，可以爱怎么规定便怎么规定。现代民主政治，社会地位愈高的人愈不敢得罪社会大众，因而愈不敢自主，也就愈没有自由。

民主社会，一切诉之民意。民意有如流水，可以载舟，将一个人的地位不断推向高处；也可以覆舟，把一个在高位的人一下推向深渊。在这种民意高涨的时代，高阶人士无不小心翼翼，哪里还敢谈自由、自主呢？

基层大众为什么像流水呢？因为他们大多数缺乏理想，一会儿被鼓动得流向东边，一会儿又被操纵得流向西边。水能载舟，也能覆舟，实际上也不能自由自主。

高层和基层都不能自主，那么什么人能够自由自主地生活在现代社会中呢？分析起来，只剩下那些不负实际责任、只知道整天高呼口号、提出动听言论的人，他们假借争取言论自由、集会自由、思想自由、这个自由、那个自由，趁机鼓动水流，看看能不能兴起一些浪潮，把自己推向高处，然后紧紧抓住一个据点，再小心翼翼地维护自己的形象。

有理想才有真自由

> 自由是争不到的，愈争自由，结果愈不自由。因为自由不自由，是内部自发的，根本不是向外争取的。

现代人搞错了方向，自由是争不到的，愈争自由，结果愈不自由。因为自由不自由，是内部自发的，根本不是向外争取的。

有理想的人才有自由。首先要决定自己要做什么样的人，然后才能够按照自己的理想走出自己所要走的路，这才是自由。

理想由别人决定，不自由；理想由自己决定，才自由。多元化时代，人人都可以有不同的理想。

自己的理想由自己决定，这是现代人所遭遇的最大困难。以自己的能力有时候不能够替自己找到真正的理想。许多人认为反正找不到理想，因而放弃了理想；许多人误以为眼前抓住的便是最好的理想；许多人认为新的理想才是好的理想，以致经常变换理想……不幸的是，这些人都没有理想。

现代人之所以出现这样的危机，实际上是科学发达的一种后遗症。一般人都相信科学万能，觉得科学可以解决一切问题，也能够满足人类享受的欲望。一谈到哲学，就以西洋哲学为皈依，把自己推入观念游戏的陷阱，弄得迷迷糊糊。对于中国哲学，却又执着于结构、概念、系统而无所得，同样是一片迷糊。

要挽救现代人的危机，摆在眼前的似乎只有一条路——将中国哲学和西方科技合理结合。至于怎样结合，各人有各人的主张，丝毫勉强不得，这才是真正的自由。我们只能建议，要小心谨慎地使用这种并不很大的自由，以免造成自己的痛苦，也增加别人的苦恼。

天下事本来就是见仁见智的，各种策略都有相当的道理。我们尊重各人应有的自由，不能明确地指出哪一种自由较优，哪一种自由较劣。所谓正确的或错误的策略，都不过是一种参考意见，必须各人有了自己的理想才能够自行判断其优劣，自己选定策略。额外加的规定和约束都是不自主的。

现代人的理想是什么呢？下面所描述的仅供参考。

第一，确定人至少拥有一些自由，可以自己决定向善或者作恶。我们一生到底有没有必要追求一些理想，同样可以由自己来决定。

第二，因为具有这种选择的自由，才会带来一些苦恼和危机。我们往往弄不清楚，究竟什么才叫作善，而什么又是恶？一个人连对错都搞不明白，又怎么能够分辨对错，怎么能够正确地选择呢？我们一方面具有选择的自由，一方面又产生不知道怎样选择的苦恼。要在这两难当中，找出一条出路，好像只有学习才是唯一的解决途径。然而，学习也是充满危险的，学对了固然可喜，万一学错了，岂不可悲？但是学对学错，我们又怎么知道呢？

过去的人，本着热心到处教人，已经教出很多毛病，所以孟子说"人之患在好为人师"，希望大家提高警惕，不要随便教人，因为误人子弟的罪恶相当深重。

想不到现代人变本加厉，不但明目张胆地到处乱教人，而且自己封自己为"国际级大师""名嘴"，以不知为知，随时随地胡乱教导别人。

现代人有的不读书反而比读书人明白道理，而有的读书人十分用功，却由于读错了书而误入歧途。追究起来，便是因为误人子弟的老师太多。

尤其是资讯发达、知识爆炸之后，大家对很多事情刚一知半解，便以为完全透彻明白，更是不学还好，愈学愈受害。现代人普遍成为错误观念的受害者，大部分人并未觉察，少数已经觉察的人也是申诉无门。

于是有人主张实证，认为可验证的学问才是正确的，结果凭空抛弃很多不能验证的真学问，接受了一些验证无误的假学问。

> 人类虽然有一些自由，却苦于无法享用自由。主要原因在于学问不容易求取。

人类虽然有一些自由，却苦于无法享用自由。主要原因在于学问不容易求取。没有学问，不明白道理，就算有一些自由，也不知如何是好。

第三，求取学问、明辨善恶，既然这么困难，我们希望自由自主，最可靠的途径只有慎选老师一条路。不要随便相信什么文凭、证件、著作、奖状，也不要单凭一两个人的推荐就下决心拜师。跟错了老师，一辈子倒霉。现代人崇拜偶像，年纪轻轻就立志向某人看齐，实在是害自己的可怕行为。慎选老师，多打听、多了解，用实际行为印证他的言论，看看效果如何。印证的时候，最好明白人既然要有理想，就应该尽一些义务、承担一些责任的道理。

有人称达尔文的进化论，其实并没有经过细心的印证，便为大家所欢迎。大家由此认为，人类由猿猴进化而来，大可以像其他动物一样，一切本着自然的本能，不需要再承担什么义务、再尽什么责任了。

现代人放弃理想，多少和怕承担责任与不愿尽义务有一些关系。请问：人固然可以不必承认自己是上帝创造的，难道不可以否认自己是猿猴变来的吗？

人类的起源和宇宙的起源一样，说不定不是人类的智能所能了解的，我们为什么那么轻易就相信各种学说了呢？

中国人的态度，是"既来之，则安之"，既然生而为人，那就要安心地把人做好，不必去追究自己到底是从哪里来的。安心地把人做好，就需要有理想、有目标。

> 既然生而为人，那就要安心地把人做好，不必去追究自己到底是从哪里来的。

人的目标，实际上只有一个，那就是求生存。从目标的角度来看，人是没有自由的，大家都一样，无从选择。但是如何达成求生存的目标，各人都有选择的自由。人的自由，便是自己可以选择自己的理想。

选择理想的标准，不妨考虑以"心安理得"作为衡量的要素。凡是能够令人心安理得的理想，应该比较正确而有利；否则便是不正确、有害无利的理想。

用"心安理得"做标准，再来衡量、比较前面所说的两种策略，看看哪一种比较妥当，然后选用比较妥当的这种策略就是人的自由。

一切都由自己决定，并不是指求生存而言，而是指自己所寻找的理想别人无法干预，也不能硬性加以规定。

一个人，要怎样生存，怎样做人？做什么样的人？各人可以拥有不同的理想，一切都由自己决定。

> 一切都由自己决定，并不是指求生存而言，而是指自己所寻找的理想别人无法干预，也不能硬性加以规定。

问一问自己：

人生需要理想吗？

为什么现代人缺乏理想呢？

自己的理想是什么？

人是怎么来的？人类的起源是什么？这种问题可能不是人类的智慧所能够了解的。但是，现代人很快就接受了达尔文的进化论，这主要是一种对义务、责任的逃避，承认人从猿猴进化而来，当然就没有义务，也没有责任。

现代人固然不迷信，但也失去了理想。因为没有理想，所以失去了自由。

●●● 网络时代利用媒体渲染弱点

　　古代社会相当单纯，"秀才不出门，能知天下事"，是出于适当的推理。因为人同此心，心同此理，很容易以"想当然耳"来论断，而且结果往往八九不离十，颇有把握。

　　现代社会科技发达，媒体深入到了每一个角落，"秀才不出门，能知天下事"，不再是依靠推理，而是依靠自己"看到、听到"的具体景象。

　　推理是自发的、自控的、自主的，一切可以由自己负责，也可以凭良心来加以决断。看到的和听到的属于他发的、他控的，他人做主的，到底是真是假常常变幻莫测，莫衷一是。

　　现代化科技使媒体既普遍化又深度化。不但深入每个家庭、各个角落，而且描绘得深刻而仔细，几乎巨细无遗。对知识的传授和资讯的传播具有很大的贡献；对意见的交流和经验的交换有很大助益。

　　但网络时代的媒体通过自己的策略，广泛利用人性弱点，弄得政府对媒体管制也不是，开放也不好。媒体自己也具有求生存的弱点，它们往往又企图反过来控制人的生存。

　　"有人抢加油站。"小李告诉小马和小吴。

　　小马急着问："你怎么知道的？"

　　"还不是电视上看到的。"小李说。

"结果怎么样？"小吴问。

"抢到两千块钱，当场就被抓到。"小李说。

"怎么会？"小马和小吴感到惊讶。

"刚好后面有两个警察，骑着一辆摩托车来加油。那个坐在后座的警察一跃而下，紧跟着一扑而上，立刻就把抢钱的人抓回警察局。"小李说。

"怎么那么倒霉！好像是个生手吧，居然一点儿警觉性都没有。"小马说。

"你说什么啊？"小李不太明白。

"一个人抢，不如两个人合作。彼此互相掩护，就不会这么倒霉。"小吴说。

"对，两个人一前一后，远远看见警察来加油，还可以假装大声问事情来提出警告。"小马说。

"看样子我们三个人合作最好。"小李说。

"而且不要去抢什么加油站，不如去抢快餐店好了。快餐店里头收的钱应该也不少。"小马说。

"我看这样，我们再回去看看电视，看仔细一些，看看能不能看出一些心得。"小吴说。

"看出什么心得？难道我们真的去抢不成？"小李更不明白了。

"当然啦！看电视学东西，才不会浪费时间呀！"小马说。

"对，学习无罪，抢钱有理！"小吴表示赞同。

"他山之石，可以攻玉。把这个抢钱贼的缺失修正过来，我们必能安全得手。"小李也明白了。

媒体让人更加心浮气躁

古时候交通不便，信息也不发达。此地人对彼地人的生活状况并不是很清楚；即使住在同一地区，穷人对富人的生活也不是很了解，到底彼此之间的差距有多大，真正不同到怎样的地步更是弄不明白。

眼不见，心自然宁静；一些道听途说的传闻，顶多姑妄信之，印象不是很深刻，也不致产生太大的影响。由于种种限制，使得亲眼看得见的部分大致相同，差异不大；那些显著不相同、差异很大的部分，反而不容易看到。大家生存在这种环境里，比较安于现状，平静过日子，相安无事。

现代交通发达，资讯的流通既快速又普及，同时要求透明化、台面化、明确化。而各种科技化媒体更是处心积虑，充分针对人性的弱点渲染、夸大、重复强调，弄得大家不得安宁。

美国之所以会招来世界各地的偷渡客，好莱坞影片是一个重要原因。通过媒体的宣传，将美国描述得有如人间乐土，人人都有发达的机会，这才让那些人不惜牺牲一切，冒险犯难，也要到美国试一试自己的运气。

传播媒体的种类繁多，有印刷媒体，包括报纸、杂志、传单、空中气球、飞行广告、活动广告、路侧广告、书面广告以及各种小册子，还有电视、广播、录音带、录影带、电话、电脑、传真、网络等各种媒体。

在现代社会，传播媒体已经成为社会大众获取资讯的主要来源。

电视机普遍深入家庭以后，在一定程度上甚至取代了父母的地位，成为家庭教育的主导力量。如果说现在的孩子缺乏家教，那么不应该一味指责父母的教导无方，电视的误导也难脱干系。由于电视、广播的商业化倾向，人们往往置伦理于不顾，将良心道德摆在一旁。父母若是说不过子女，就只好用某些学者专家"和子女做朋友"的主张来自我安慰，放弃为人父母的责任，更不敢奢谈什么家庭教育了。

> 如果说现在的孩子缺乏家教，那么不应该一味指责父母的教导无方，电视的误导也难脱干系。

传播媒体经常操纵在政治或经济强者的手中，成为他们控制舆论的有效工具，间接或直接地影响人们求生存的欲望，因而变成现代人利用人性弱点的最普遍而有力的利器。

于是民众要求政府开放媒体，使弱势团体也能够拥有反击的工具，拥有新的言论自由所要求的权利。

媒体利用人性弱点的六大策略

打破报纸的垄断，要求广播或电视媒体设置降低设限标准，也是一般大众"防人之心不可无"的具体表现。然而，媒体自己同样要求生存，也建立了一套求生存的策略。就整体而言，不难发现各种媒体共同以"民众有知情的权利"为号召，针对人性的弱点，完成下述六大目标。

营造悲观气氛

媒体当然会提供一些乐观的观点，以提高人们生存的欲望，增加大家的生活乐趣。但是，媒体深知若是偏向乐观的报道，对人性的生存、自私和享乐不构成一定的威胁，大家就不会重视媒体的报道。因此媒体大多以悲观的预测为主，企图对大众的生存、自私和享乐给以严重的警告和不幸的期待，以刺激大众，制造众人注目的焦点。大众对于悲观的预测，总是相当关心。

南非大选由黑人当选总统，媒体马上预测南非将要发生内战，会出现黑人暴动问题。这样，大众才会持续关心南非的局势演变，每天留意媒体的报道。

美国观察家如果预测国务卿将继续留任，大家就会认为这种报道多此一举，说这些有什么用？于是，媒体每隔一段时间便要预测国务卿即将被撤换，这样大家才会拭目以待。

媒体指称经济繁荣、没有战争、股票稳定上涨，大家会将其视为平常话题，觉得这种消息不看也不会怎么样。媒体警告说经济指标向下调、币值有趋贬可能，某些地区即将爆发战争、股票面临再度崩盘的压力，大众就会奔走相告，提高警觉，重视媒体的各种猜测。

伊拉克战争期间，大家总是准时打开电视收看新闻节目。战争结束后，许多人就在新闻播报时段关掉电视机，让机器休息，以便观看后面的综艺节目。

2001年9月11日，美国纽约市举世闻名的两座高楼被恐怖分子劫持的飞机炸毁。各种媒体争相报道美国的军事动员行动，天天预测战争即将开始，以此吸引大家的注意，也凸显传播的重要性。

营造悲观气氛，使大家感受到生存、自私和享乐的压力，不停地向最坏的方向设想，媒体才能够持续吸引大家的注意力。

提供新奇事物

悲观气氛使得大众觉得活是活得下去，但是前途黯淡，希望十分渺茫，因而期待变化，对新奇事物特别容易产生兴趣。媒体掌握了这种需求，发现"狗咬人原来不是新闻，人咬狗才是新闻"的法则，极力发掘新奇事物，以奇人奇事来彼此竞争。

一头会计算数目的牛、一条喜欢抓老鼠的狗、一匹狂野的马、一只温驯的老虎……所有不寻常的东西，不但新奇，而且罕见，才值得大做文章。

某地民意代表互殴，消息马上会传播到全世界，一天播放数次，因为难得一见，唯恐有人不幸错过，遗憾终生。

选举时有人抬着棺材拜托民众惠赐一票、一丝不挂在大街上裸奔、儿子当街殴打老父亲、站在火车站前一动不动扮成蜡像人、真正的蜡像人却动来动去和真人一模一样……一向被认为是反常的事情，现在都被媒体介绍为新奇。大家争相传播，无不希望一睹为快。

儿子不邀请父母参加婚礼、妻子允许丈夫每逢周末外出与他人共宿、女儿不满意母亲留给她的结婚礼服、妻子抗议丈夫禁止她穿比基尼……都可以上电视，各说其是。

老夫少妻，丈夫的年龄比妻子大；娶大姐为妻，妻子的年纪比丈夫大。这两种情况都有，并没有什么值得大惊小怪的。偶尔抓住一对年龄相差比较悬殊的恋人大做文章，通过媒体的不断报道，延伸到两个家庭的不同意见，顺便请路人也发表一些看法，把这种事件当作新奇事物来炒作，居然成为重要的社会新闻，是不是网络时代大家都活得太无聊了？

大众迎合媒体求新求变的策略，竭尽心力玩出各种花样，以吸引媒体的高价收购或优先播出。有人在各种场合说出完全不合逻辑或不堪入耳的话，原因只是"不这样说，媒体就不会热心传播"。

塑造新的权威

大众不断接受新奇事物的刺激，一方面对寻常事物失去兴趣，一方面却又觉得无奇不有，不知道到底应该怎样才好。媒体看准大众在旧有权威被打倒之后需要新的权威，而且一元化的单一权威已经不符合时代潮流，因而致力于塑造多元化的各色各样的权威。

> 大众不断接受新奇事物的刺激，一方面对寻常事物失去兴趣，一方面却又觉得无奇不有，不知道到底应该怎样才好。

"请听听专家的意见。"成为媒体的常用字眼，暗示着"专家就是新的权威"。各行各业都有专家，古人说"行行出状元"，现在果然行行都有权威，至于权威是真是假，能维持多久，那都要问媒体才知道。

实在塑造不出什么权威的时候，媒体也可以塑造"丑闻权威"。想知道外国人在新加坡挨鞭子的滋味吗？问他，他是第一个亲身体验的美国青年，所以他的身价特别高。想知道在百货公司偷窃失手被抓到的真实过程吗？问他，这个人最清楚，因为他那种经验最丰富。

日本一家媒体票选"全国最令人厌恶的女明星"，由一位二十几岁的影视歌三栖明星高票当选。大家很有兴趣为什么她年纪轻轻就能够弄得让这么多人厌恶？她也认为既然获得这么多张选票，就表示有这么多人记得她，因而决定趁机推出新唱片，以求大发利市。

媒体的力量，足以将一位根本不够格的节目主持人，由"最具潜力"的明日之星，捧成最受欢迎的"知名主持人"。而媒体的策略，则是把最能配合的人捧成权威，配合的因素很多，包括人、时、地、物各方面，所以经常会有新的权威出现。

丑化权威人士

媒体一方面塑造能够配合的权威，以增进自身的影响力，一方面则极力丑化原有的某些权威人士，表示敢于挑战权威，使大众对其更为敬畏。

美国前总统克林顿自从当选以后，就不断遭受各种绯闻的困扰，弄得还要设立基金，准备公开募款以充当法律诉讼费用。前总统尼克松因为"水门事件"被媒体穷追猛打，提前下台。

权威人士只要有些微差错，媒体便会不断深入调查访问，加上各种猜测和分析，予以丑化。每一次旧有权威被粉碎，新的权威要建立，媒体都会展现出无比的力量，为自己的生存发展获得更有力的保障。

揭穿权威的底牌，揭露权威的隐私，以及打击权威的信誉，都是媒体的主要任务，借以显示"水能载舟，也能覆舟"的力量，使权威人士更加主动配合媒体，以收合则两利的效果。

一般大众眼见媒体把某人捧为权威，又将他击落下去，更觉得媒体具有生杀大权，因而更加重视媒体。

制造各种偶像

除了丑化权威人士之外，媒体更重视制造各种娱乐、运动、抗争的偶像，以增进相关的刺激。

超级篮球明星身价数千万美元，自然广受球迷崇拜。篮球教练也可以被塑造成偶像，身价高到甚至等于全队球员身价的总和，大众更是对其称赞不已。

歌星拥有歌迷，影星拥有影迷，各种球星也都拥有他们的球迷，媒体利用"有迷就有偶像"的原理，制造出各色各样的偶像，等到有一天这些 fans 了解到自己所崇拜的偶像原来具有如此这般的真面目时，即使痛哭流涕，痛心后悔浪费了时间金钱，恐怕也只能无可奈何，而媒体却从中获得了很大的好处。

许多人原本不关心影星的罗曼史，也不注意歌星新推出的歌曲，但经不起媒体的渲染，竟也不知不觉成为影迷或歌迷，对影星或歌星的点点滴滴格外感兴趣。

美国橄榄球明星 O.J. 辛普森涉嫌杀死前妻，媒体投入大量金钱和时间连续半个月都将这条新闻列为头条。其实,这种事情对很多人而言，根本不值得如此重视。但是媒体的扩大报道，驱使很多人购买有关辛普森的书籍和录影带，最终加入关心辛普森本人的行列。

当然，制造各种偶像也不是完全没有好处，比如随着运动偶像范围的扩大，使大众熟知的运动项目也跟着增加，登山、滑雪、骑自行车、打球、游泳、冲浪等等，都逐渐成为普及的运动，对这些运动的推广也确实起到了十分重要的作用。

凸显性与暴力

由于媒体激烈竞争，使得媒体为了生存，不得不采取凸显性与暴力的策略，以满足大多数人的感官刺激。

"性骚扰"这个话题由学校开始被重视，因为一般人总认为师道尊严，怎么可以让"狼"混迹其中？继而是企业和一般机构，拿"性"来增加业绩或者作为工作不力开除员工的借口。有时发展到家庭，女儿控告亲生父亲性虐待，那就更是清官难断家务事，谁也弄不清楚真相如何了。

至于暴力，也随着电影分级制度的建立而花样百出，到了惨不忍睹的地步。

暴力是用来对付别人的，对付自己的方法则称为自杀。日本有一位青年费尽心血研究各式各样的自杀方法，最后写成了一本书，通过媒体的宣传，竟也名列畅销书排行榜，成为最畅销的图书之一。

人生果然充满了矛盾，一方面喜欢暴力以满足刺激，一方面却又害怕暴力而重视安全。私人保镖的兴起，企图以暴防暴或以暴制暴，都离不开媒体凸显暴力的影响。

媒体充分因应人性的弱点，一方面斥责暴力，一方面却又唯恐对暴力描述不细致，唯恐拍摄不清晰，甚至添油加醋，生怕不够惨烈。

> 人生果然充满了矛盾，一方面喜欢暴力以满足刺激，一方面却又害怕暴力而重视安全。

开放还是管制，选择对待媒体最好的方式

传播学者丹尼尔·勒纳（Daniel Lerner）说："媒体乃社会制度的一个表征。"意思是说有什么样的社会制度就会产生什么样的媒体。

社会制度是自由开放的，媒体便呈现自由竞争、自由发展的样子。社会制度是计划管制的，媒体自然也受到限制，显得束缚甚多。但是，不论社会制度是自由还是管制，媒体为求生存，总是针对人性的弱点形成有利的策略。

地球是一个庞大的试验场，人类在这里不断进行各种不同的试验。以媒体为例，有的国家实施管制，也有的国家实行开放，结果是各有利弊。

但是，对媒体来讲，开放对媒体比较有利，所以媒体基于自身的利益，无不大声疾呼：开放、开放，这对大家有好处。平心而论，管制媒体其实也有许多好处，因为媒体的主要功能，是引导人类走上安居乐业的正道，而不是诱使人类步入求新奇、爱奢侈、企求不劳而获地享受荣华富贵的邪道。然而，在媒体太多、太强，已经管制不了的

时候，也不得不开放。开放后的媒体为了应对生存竞争，几乎不择手段地利用人性的弱点，造成今日更加复杂化和多样化的世界。

有这样一段对话很耐人寻味：

"有白色粉末，会不会是炭疽热的病菌？"甲说。

"这是面粉，你想到哪里去了！"乙说。

"你看，又是电视看多了，疑神疑鬼。"丙说。

"你们很少看电视，没有接受到现代资讯，我们之间才会产生代沟。"甲说。

"代沟是那些专家虚构出来的东西，相信他们的话才会有代沟；如果不相信他们的话，哪里有什么代沟？"乙说。

"对啊！心中有代沟，自然有代沟；心中无代沟，当然就没有代沟。"丙说。

"这样说起来，传播媒体都是不好的？"甲问。

"依我的看法，开放的传播媒体，可以说是我们的神经破坏器。一天到晚想办法破坏我们的神经系统。不是叫我们迟早变成神经兮兮的病人，便是把我们搞成毫无智慧的知识接收器。"乙答。

"你的意思是传播媒体只能传播知识，无法启发智慧？"甲问。

"一点儿也不错，正是如此！"乙答。

"那要怎么办才好呢？"甲有些担忧。

"应该由有智慧的人来加以筛选、分析和整理。"丙说。

"那不就等于管制媒体,言论不自由吗?"甲说。

"合理的管制实际上就是合理的开放,关键看你怎么想。"乙说。

"合理不合理的标准很难定,我看还是开放的好。"甲说。

"这就是现代人的毛病,怕合理的情况难找,于是干脆放弃寻找合理。"丙说。

媒体深知人性的弱点

人性的弱点,自古迄今,并没有太大的改变,始终环绕着求生存、自私、求快乐三大方面而纠缠不清。发展出各自不同的内涵,而且程度也不一样。

媒体未发达之前,人类已经具有这些人性的弱点。我们不能把这些弱点都归罪于媒体。但是,媒体发达以后,更加凸显了人性的弱点,把它们运用得人人难逃被摆布的命运,这也是事实。

对于媒体的消息,不看,不安心;一看,很伤心;看得少,不清楚;看多了,愈加迷糊。大家对媒体,好像也无可奈何。

人性的弱点不可避免,媒体的存在也不可忽视,必须要找出一条共存共利的途径。

媒体瞄准人类求生存的弱点,以大幅医药广告,强调医疗、药品的效果;介绍各种保险制度,描述生育与患病时得到的照顾;宣传安全有效的保障系统,唤起人们怕死的潜在意识。大众在媒体广泛的报道之下，多服药、买保险、加强保障，以逃避死亡。在营养食品、保健用品以及健身设施方面，媒体同样大做文章，以诱发人们贪生的意念，重视营养的均衡、购置各种保健用品，并且积极参与健身活动。媒体又在私人保镖、个人保险以及防身必备方面大加鼓吹，以增强人们顾自己的欲望，尽量雇用私人保镖、购买有关个人权益的保险，学习各种防卫自己的方法，更加用心照顾自己的安全与健康，如图7。

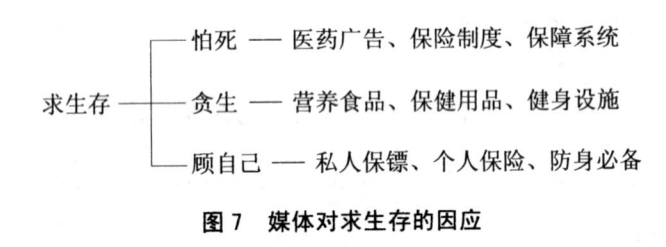

```
         ┌─ 怕死 ── 医药广告、保险制度、保障系统
求生存 ──┼─ 贪生 ── 营养食品、保健用品、健身设施
         └─ 顾自己 ── 私人保镖、个人保险、防身必备
```

图7　媒体对求生存的因应

为了因应大众的自私习性，媒体经常提供巨额奖金、丰富奖品，或者各种优惠甚至终生优待来吸引群众，满足其贪利的欲望。制造各种娱乐、文艺、运动、竞技偶像，介绍各行各业的杰出专家，设置各种排行榜，举办各种竞赛，推出各种"金像奖""金龙奖""金手奖""金狮奖"，乃至"诺贝尔奖"，以激发大众贪名的意念，踊跃加入竞争的行列。更巧立名目，招待旅游、提供免费或低价参观，或者免费享用稀有的设施、不对外公开的资源，以刺激大众贪图享受的意识，对媒体的报道更加注意，对媒体的各种活动更有参与的兴趣，如图8。

尽管各人兴趣不同，生活水准也不一致，媒体针对不同的需求，提供不一致的求快乐途径。首先将各种竞赛细分，增加竞赛项目，以

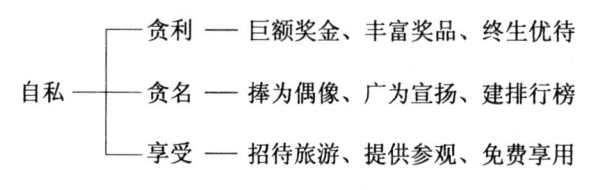

```
          ┌─ 贪利 ── 巨额奖金、丰富奖品、终生优待
自私 ──────┼─ 贪名 ── 捧为偶像、广为宣扬、建排行榜
          └─ 享受 ── 招待旅游、提供参观、免费享用
```

图 8　媒体提供贪利、贪名、贪图享受的渠道

适应多样化的选择。又将各种竞赛按年龄划分为幼年组、少年组、青年组、中年组、老年组以及不分年龄组，以吸引更多的人。然后再将竞赛加以层级化，区分为社区、乡镇、省市、全国，以及洲际、全球，以制造不同的高潮。限时抢购、各色各样的拍卖，通过媒体的宣传及现场转播，更广泛地引起人们争夺的兴趣。

发掘各种奇人奇事、曝光名人的隐私、制造艺人的花边新闻，媒体尽力满足人们感官的刺激。将区域性战争报道到全世界，让各地的人都有机会体会到征占的感觉。即使不上战场，也可以充分了解甚至运用各种科技武器，在电视上借着银幕画面来满足自己的指挥欲望。各国的派系斗争，只要有兴趣，都能够突破时空的限制亲自参与，如图9。

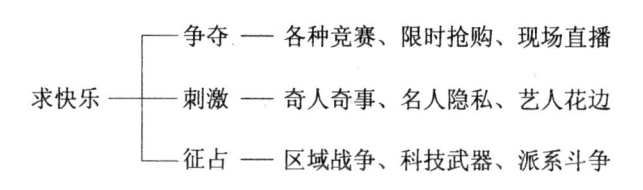

```
          ┌─ 争夺 ── 各种竞赛、限时抢购、现场直播
求快乐 ────┼─ 刺激 ── 奇人奇事、名人隐私、艺人花边
          └─ 征占 ── 区域战争、科技武器、派系斗争
```

图 9　媒体对求快乐的主要项目

媒体不可能制造上述各种活动，但是各种活动显然都是通过媒体来实现目的。媒体其实是一种古老的工具，在现代化、科技化、多样化时代，更加快速而有效地给人类提供掌握人性弱点的媒介。

我们既不可能改变人性的弱点，也无法排斥或禁止媒体的持续发展。我们所能够做的，只是合理运用媒体，使其合理地因应人性的弱点。

管制媒体要适度

> 我们既不可能改变人性的弱点，也无法排斥或禁止媒体的持续发展。我们所能够做的，只是合理运用媒体，使其合理地因应人性的弱点。

世界各国将媒体的运用都列为重要策略之一，因为它的影响力强大而且普及，不能等闲视之。但是，说起来似乎是一个笑话，带有一些无奈，以人类有限的智慧，政府面对强大的媒体压力，好像只有逐渐趋于开放这一种策略，别无选择。

然而，在现实的情况中，仍旧可以按照开放的程度，分为管制、局部开放及大部分开放三种不同的状态。

没有哪一个政府敢全面开放，因为毫无限制势必造成"只要我喜欢，有什么不可以"的结果。媒体在何时、何地、叙述何事、呈现何物，政府都不能加以干涉，这会造成令人怀疑"政府到底在做些什么"的后果。

同样，没有任何政府敢全面管制媒体，因为广大民众会愈来愈不能忍受，他们会以"其他国家能，我们为什么不能"而掀起反抗行动。由于媒体不论何时、何地、叙述何事、呈现何物，都必须受到严格的限制，大家会逐渐对媒体失去信心，丧失兴趣，令人不禁怀疑政府为什么要管这么多。

这样一来，世界各国自然不约而同地说，管制，其实也有很多自由；自由，难免也有很多管制。在管制与开放之间，找出自己认为合理的平衡点就可以了。

虽然大部分的人心中有数，知道媒体的运用应该列入管制。因为媒体的主要功能，必须适当因应人性的弱点，激起人们的兴趣，把大众引导到安居乐业的正道上，不应该过分利用人性的弱点，把大家的兴趣引导到求新奇、爱奢侈、企图不劳而获地享受荣华富贵上。要达到正常的功能，对媒体的管制，自然十分必要。

举一个明显的例子。读书的目的在于明白事理，而明白事理唯有通过文字这一种媒体才能够深入了解。读书明理，便是阅读书中的文字以明白其中的道理。但是文字媒体，认识比较困难，理解比较费力，阅读比较费时，不容易引起人们的兴趣。于是人们想出用图画媒体来诱导大家看图识字，希望大家识字以后，能够好好读书。不料图画媒体却利用大家浓厚的兴趣而喧宾夺主，把大家带上只看图画不认识文字的歧途，妨碍了读书明理的大道。我们不反对用部分时间欣赏连环图画，却不赞成某些人整天沉迷于连环图画而不务正业。图画是一种媒体，对于它的内涵和用途，是不是应该合理地加以限制呢？

某些媒体比图画更具有吸引力，比如录音带企图以有声读物来取代文字读物。事实上有声读物用以辅助文字十分有效，一旦用来取代文字，就会妨害更深入的学习。一个会听会说中国话而不懂中国文字的人，无论如何不可能深入了解中华文化。

电视比录音带更生动活泼而声情并茂，许多人因而只看电视不看书。希望从电视中获得一般知识，果然迅速而有效。但是从电视中要获得一门学问的精髓，恐怕如同缘木求鱼，实在困难。

媒体之间原本是互助的，不料为了求生存，引起激烈的竞争，甚至到了不择手段的地步。录音带、电视、广播、电脑等等，如果用来辅助大众读书明理，当然是好事。现在都各出奇招，把自己膨胀到要大小通吃，是不是容易把人们引入歧途呢？

合理的管制才能促使媒体自律，扮演合适的角色。然而，什么叫作合理，这永远是大家争论不休的焦点。媒体专家各有说辞，结果却建立了一种共识：政府不必管得太多。于是，大家都不说管制，改口说开放了。

媒体也要求生存

在美国，只要有理，什么人都可以骂，包括总统在内。在东方大部分国家里，只要有理，也是什么人都可以骂，但是不包括某些真正拥有权势的人。

在美国，一位年仅十五岁便已产下女婴的少女可以在电视节目里和她的母亲一起露面，接受现场观众的询问："为什么母亲不知道女儿怀了身孕？"在中国，我们会认为这样做对母亲和少女都会产生很大的伤害，应该尽量避免这种画面。

欧美人士喜爱户外活动，媒体向大众展示如何在海边把自己晒成均匀发亮的古铜肤色，趁机鼓吹"人工日光浴机"的良好性能。中国人大多怕晒太阳，而且相信"一白遮百丑"，觉得皮肤白皙的人看起来比较漂亮，媒体介绍的休闲活动，自然偏向于静态的室内项目。

可见"媒体乃社会制度的一个表征",也可以解释为有什么样的风土人情,就会产生什么样的媒体。媒体专家异口同声地宣称有市场自然有供应,意思是媒体没有过错,媒体的好坏,都是人造成的。

人性的弱点,其实是市场;媒体的因应,不过是一种供应。只要人性的弱点不改变,媒体的做法就会持续下去,而且越来越激烈,越来越深入。

其实,媒体也具有求生存的弱点。为了求生存,媒体也可以相当人性化,不但怕死,而且贪生,有时还十分重视顾自己。如图10。

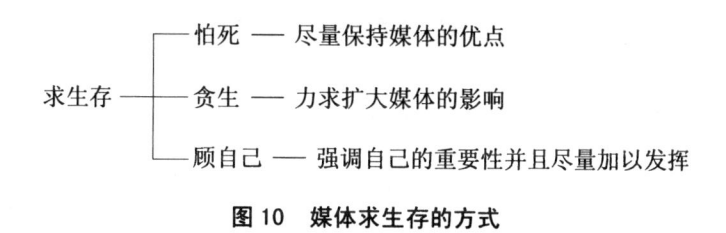

```
          ┌─ 怕死 ── 尽量保持媒体的优点
求生存 ───┼─ 贪生 ── 力求扩大媒体的影响
          └─ 顾自己 ── 强调自己的重要性并且尽量加以发挥
```

图10　媒体求生存的方式

既然媒体和人性一样,具有不可避免的弱点,我们加以管制固然不好,采取放任的态度,让它自由开放发展也不见得好,那要怎么办呢?

竞争愈剧烈,媒体也愈自私。常常以"中性,无关善恶"为说辞来掩盖自己为达目标不择手段的真相,如图11。

> 竞争愈剧烈,媒体也愈自私。常常以"中性,无关善恶"为说辞来掩盖自己为达目标不择手段的真相。

媒体的快乐,似乎也建立在争夺、刺激和征占的基础上,如图12。

```
         ┌─ 贪利 ─ 获利越多越好，以防无利可图时也可以存在而
         │        不被淘汰
    自私 ─┼─ 贪名 ─ 尽量提高自己的知名度，以求因名而获利，越
         │        著名越为大众所喜爱越好
         └─ 享受 ─ 享受被大众采用、熟悉而且易接受的辉煌成果
```

图 11　媒体自私的表现

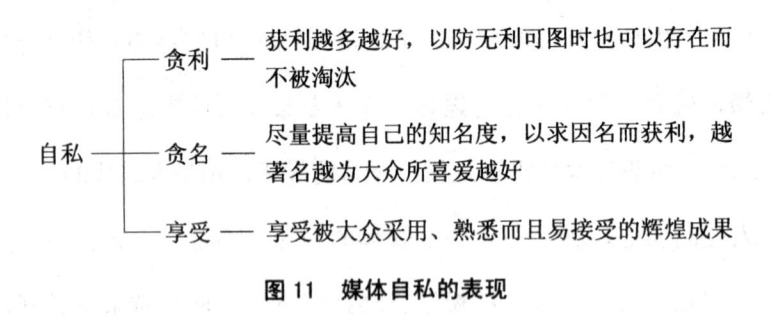

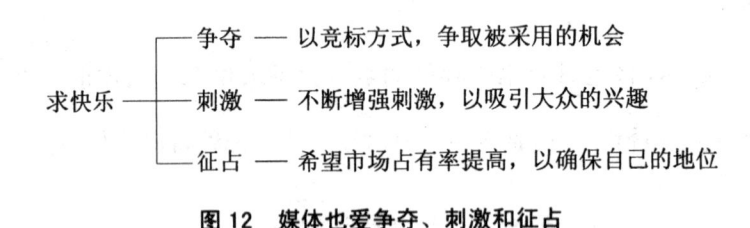

```
         ┌─ 争夺 ─ 以竞标方式，争取被采用的机会
    求快乐 ┼─ 刺激 ─ 不断增强刺激，以吸引大众的兴趣
         └─ 征占 ─ 希望市场占有率提高，以确保自己的地位
```

图 12　媒体也爱争夺、刺激和征占

首先，我们要看清楚，人性的弱点是人正常成长的一部分，而媒体的发展也是人类文明正常活动的一部分。两者都由于现代所处的环境更加复杂化和多样化。

其次，人愈来愈多，媒体的种类也愈来愈多，免不了激烈的竞争。媒体为求惊世骇俗以增加自己的生存力，不得不愈来愈粗俗化。

人性的弱点，属于人的问题；媒体的发展，同样是人的问题。人愈来愈多、媒体的种类愈来愈繁多，以及整个人类愈来愈粗俗化，也都是人的问题。宇宙间的一切，归根到底，都和人有关，而所有的问题，总结起来，不外乎人的问题。

人为万物之灵，却搞得万物都普受其干扰。改良品种，把动植物弄得乱了阵脚；嗜好美食，将生态网破坏得千疮百孔。

走遍全世界，你会发现"有人就有问题"，不同种族、语言、教育程度、生活习惯、宗教信仰、风土人情，都会产生不同的问题。具

体问题不相同，有问题及问题带来的后果则完全相同。

为什么有人就有问题呢？因为人性具有不可避免的弱点。这些弱点被过分利用，当然会产生层出不穷的问题，增加人类的痛苦，也构成对地球的危害。

要解决人的问题，似乎只有从人性的弱点着手，加以合理地调整才有可能。

接下来，我们将分别讨论合理调整的可能性和有效的方式，希望我们生活在媒体广泛而深度发展的环境中，能够适当地因应人性的弱点，合理地运用各种媒体，以达到安居乐业的理想境界。唯有如此，我们研究人性的弱点才有意义，才更有价值。

寻求合理途径让媒体与弱点共存

媒体未发达以前，人类求名必须按部就班，十年寒窗苦，也被视为理所当然。媒体发达之后，人们成名的机会大幅增加。除了正规的出名之外，还有许多不正规的成名机会。媒体提供了许多一夜成名的榜样，使大家处心积虑，极力寻找一举成名的途径。做出一块世界上最大的月饼可以成名，把自己的脚印想办法印在白宫大门前也一定可以成名，甚至掌喷筒到处涂鸦，也能够涂出名来。

过去，人们只求成好名、成正名；现在，成恶名好像也是一条成名的坦途。过气的电影明星如果涉嫌将前妻杀掉，媒体就会把他报道得再度名满全国。在法院接受严正质询也会获得媒体青睐；摔杯子、拆麦克风、打别人耳光，媒体也会将其渲染得名闻天下。

学者要发现、发明，成名非常困难。不如用伪造、欺骗、假冒、诈骗等方式，说不定更容易成名。丑名、恶名也是出名的方式，而且比美名、正名更大众化与普及化。既然标准不再由政府或少数贤哲制定，大众欢迎的事物便是媒体争相报道的对象。人类的历史，自古以来就充满了争名夺利的血泪事实，如今加之媒体的推波助澜，更是激起大众争名夺利的勇气，个个当仁不让，不知廉耻为何物。

华尔街大亨在电视上大声疾呼："贪婪不是罪恶！"他们为自己的贪婪找到了借口，一般人却被误导了，导致自己一辈子名利俱无，还要承认别人的贪婪不是罪恶。

动植物求生存、顾自己，顶多达到满足自己需要的程度。人类自私，个人的享受不但要满足需要，而且由奢侈到浪费，从享受中获得快乐到为求取快乐而贪图享受。求快乐似乎是人的专利，在这一方面作为万物之灵，好像当之而无愧。

在媒体未发达的时代，富人有富人求快乐的方式，穷人也有自己的方式自得其乐。一般老百姓对于富人怎样求快乐，如何奢侈、浪费，根本一无所知，就算道听途说，也所知有限，最多通过幻想，揣摩一番而已。现在媒体发达，对于富人的奢侈、浪费，描绘唯恐不精，报道唯恐不详尽，使得一般人羡慕之余，更心生怨恨。

看不懂棒球的人，并不觉得棒球有什么好看。媒体有计划地教导大家，投手和捕手之间的默契，外野和内野之间的互补，三振出局和全垒打的不同。逐渐增加观众的认识，也逐渐增强对观众的刺激。半夜现场直播少年棒球比赛，刺激人们趁机在比赛上面大下赌注，这样还怕大家觉得不够刺激，还要把赌博的内幕揭发出来，让大家都输而媒体独赢。

不知道什么叫赌博的人，通过媒体的介绍，很快就明白了什么叫作牌九，什么叫作二十一点。媒体的现场感，使大家亲身体验到老千的手法，感受到赌场的刺激。

对争夺的教育，媒体更加有兴趣。以往我们只知道足球比赛能够吸引大量观众，产生很多与球队荣辱与共的球迷。而今在银幕上一次又一次、放大再放大地让观众看见球员之间的拉扯和袭击，观众自然就知道争夺需要勇猛和不顾对方的安危。对于明星球员，更是不惜对其犯规以求其情绪不稳而丧失应有的水准。

伊拉克占领科威特的时候，媒体日夜报道，引起许多地区人们的猜测，人们猜测自己所在的地区会不会也发生类似的情况。若干人的征占欲望也在银幕上暴露无遗。以往我们只知道军人为保卫国家安全而战，十分神圣。现在才觉得很多军人是为满足自己的征占欲望而不惜扩大战争，甚至杀害自己的伙伴。

我们不能将人类的为非作歹完全怪罪于媒体的传播和引诱。然而，由于媒体广泛而深入的传播，使更多人有机会学习原本只略知一二，无从学习的作恶伎俩却是真的。媒体认为自己没有过失，问题在于观众自己的选择。观众对媒体传播的信息到底应该引以为戒，还是随意模仿，责任理应由观众自负。但是，对本来不屑为或不愿为的人来说，他们看了这些信息可能不当一回事，而对原本想做只是不知如何去做的人来说，媒体就是良好的课本，让这些人心领神会，并且可能青出于蓝而胜于蓝。

人性的弱点既然不可避免，媒体的存在也已经是一种事实，我们唯有面对两者的实际存在，寻找一条合理的途径，以期进可以攻他人的弱点，退能够守自己的弱点，获得良性的效果。

从太古到现代，自洪荒至文明，无论哪一时期，都是"少数人愚弄多数人"的连续剧在不断地上演。少数人看准多数人的人性弱点，掌握他们求生存、自私自利、追寻快乐的若干特征，设计出各种制度，制定各种游戏规则，来驱使、引诱多数人实行，并形成习惯，自己饮"狂泉"，反而把不饮"狂泉"的人视为疯狂的落后分子。

洪荒时代，少数人看中多数人喜欢获得"大力士"称号的贪名弱点，塑造出了孔武有力，足以力搏野兽的大力士。神权时代，少数人击中多数人贪名又贪利的弱点，产生了一些能通鬼神的巫者。君权时代，少数人以名和利捧出了君王。民权时代，少数人更掌握多数人的争夺弱点，用选票来引诱他们争得你死我活，头破血流。网络时代资讯发达，大家对于人性弱点的运用，似乎变本加厉，更加多元化、多样化。

现代人又推出知识经济的概念，企图以知识之名，来愚弄那些比较没有知识的人，从而掌握经济的大权，同样是一种针对人性弱点的运用策略。

知识不普及时期，大家引以为憾。认为普及教育，使更多人获得知识，才是当务之急。知识普及的现代，我们却想尽办法，想要保障知识产权，强调使用者要付费，导致很多人不敢传播和应用。

人类的认知能力原本十分有限。今天认为正确的事，往往过不了多久就可能被证明是不正确的。在这种情况下，什么叫作知识，什么样的知识才值得大家相信？人们根本还弄不清楚。心急的人，早就已经高喊"知识经济",而响应的人居然也在最短期间内写成专著。看过以及没有看过的人,观点此起彼伏。一片知识经济的呼声,无非在证明现代人的浅薄无知。

> 人类的认知能力原本十分有限。今天认为正确的事,往往过不了多久就可能被证明是不正确的。

我们当然不反对知识经济,因为自古以来,人类的经济生活大多依赖于知识的指导。不过往昔重在知识的应用,把知识用在农、林、渔、牧等方面,为人们谋福利。而知识经济,似乎重在看不见的附加价值上。企求在土地、金钱、技术之外,创造出一种新奇的价值,让大家心甘情愿地接受新世纪的愚弄。

第四章
向错走，弱点就是缺点

人性的优点＝合理（求生存＋自私＋求快乐）

人性的缺点＝不合理（求生存＋自私＋求快乐）

优点或缺点，关键在于合理或不合理。而合理不合理取决于策略的运用。

策略正确，所有人性的弱点都成为优点；策略不正确，所有人性的弱点也都变成缺点。

> 优点或缺点，关键在于合理或不合理。而合理不合理取决于策略的运用。

选择正确的策略，再合理地加以运用，可以确保人性弱点呈现阳性反应，形成人性的优点。可惜一般人所采取的策略，几乎都是不正确的，以致人性的弱点经常呈现阴性反应，形成缺点。

从前，有一位国王，有一天做了一个梦。醒来以后，他闷闷不乐，命令臣子找人来解梦，想知道这个梦究竟是什么意思。臣子不敢怠慢，立刻传某甲前来为国王解梦。

某甲诚惶诚恐，专心听国王叙述梦境。听完之后，满面忧愁地说："大王，不好了！大王的一些好朋友，一个接着一个都将离大王而去，先行往生了！"

国王听罢，愈想愈悲哀。眼见自己的好朋友即将死亡，心里当然非常难受。于是，下令将某甲斩首示众，让大家引以为戒：解梦应该特别小心，不能让做梦的人产生负面的心理感受。

臣子们为了讨国王欢心，又把某乙找来，要他为国王解梦。某乙看到某甲的悲惨下场，自然格外谨慎。他听完国王叙述梦境之后，竟然满脸笑容地说："恭喜大王，贺喜大王！大王是比您所有的好朋友都长寿的人。在这里谨祝大王寿比南山，福如东海！"

国王大喜，下令给予某乙丰厚的奖赏。

其实，某甲和某乙的解答基本上完全一样。两人都在利用国王求生存的弱点，只是所使用的策略不一样。某甲用的是负向策略，某乙所用的却是正向策略。前者呈现阴性反应，后者呈现阳性反应。

国王拥有生杀大权，某甲和某乙应该都心中有数。某甲和某乙都是实话实说，谁也不敢存心欺骗国王。但是因为两人所走的方向不同，所以结果也不一样。

基于前面的分析，我们可以得出结论：人性的弱点如果表现得合理，便成为优点。如公式1：

人性的优点 = 合理（求生存 + 自私 + 求快乐）

若是表现得不合理，那就成为缺点。如公式2：

人性的缺点 = 不合理（求生存 + 自私 + 求快乐）

人性的弱点，怎样才能变成优点，避免成为缺点呢？这要看各人所采取的策略。策略正确,弱点变成优点;策略错误,弱点便成为缺点。

先来看错误的策略。依据我们长期观察的结果,发现大部分人,都由于下面所述的错误,使人性的弱点无可奈何地成为缺点,因而苦恼不堪、悔恨不休。

> 策略正确,弱点变成优点;策略错误,弱点便成为缺点。

●●● 有钱时想自己,无钱时想别人

一般人最常见的错误策略是在有钱的时候,只想到个人或者自己小家庭的生存、自私和快乐,忽略了家族、朋友以及其他人的生存、自私和快乐。等到没有钱的时候,才想起原来个人和自己的小家庭以外还有许多人,于是要求分享他们的生存、自私和快乐,因而引起他人的反感。

贫穷或富有,本来是相当个人的事,与他人无关。问题是一般人富有时,常常只想自己不顾别人。一旦陷入贫穷,马上想起别人应该帮助自己而不反省自己,这才使得人性的弱点完全暴露为缺点。

有钱时不知孝顺父母、照顾弟妹、帮助朋友,只知道个人享受,带着小家庭去度假旅游,还要到处吹嘘,吃了些什么好东西,到哪些好地方玩了,看到什么新奇的事物、奇妙的景色。等到没有钱的时候,

才想起父母、弟妹和朋友，以"如今自顾不暇"来自我安慰。接着就要向大家求助，希望能够分享一些别人的好处，结果当然是"大家都和我一样无情"，于是觉得有一些得意："幸好我当初自己享受了一些，否则岂不吃亏！"

富有时看不起穷亲戚，认为穷亲戚比敌人更可怕。敌人来了还可以逃跑或者和他打；穷亲戚来了逃不掉。偏偏穷的时候，又会想起富有的亲戚，认为朋友尚且有通财之谊，何况是亲戚？若是亲戚都不能互相帮忙，那算什么亲戚？还要亲戚干吗？

有钱的时候，亲朋好友给他送礼，要见到名贵的礼物才开口笑，否则就嗤之以鼻。没有钱时反而想尽办法向亲朋好友送礼，希望他们笑纳。贫富之间在自己的态度上表现出很大的差异，当然也会引起他人相应的互动，可惜自己不容易觉察，总认为自己没有改变，而是别人有所变化。

●●● 得意时爱炫耀，失意时穷诉苦

得意扬扬时，到处炫耀，唯恐人家不知道他有多么得意，而且用衣着、用品、食物、车辆考究，随从众多，以及大声说话、语气不断夸大、手势和姿态都十分坚定果决来凸显自己的得意程度。

比如，有人移民美国，遇到别人问他为什么移民，他立即回答"怕

在国内被绑架、被勒索"，害得对方到处打听这是哪一号的大人物。到餐馆吃饭，寄存衣物时，不忘大声交代"我这件大衣是百分之百高级材料制成的，不要搞错了"。看见人家的古董，必定会说"我家里也有一个，好像比你们的大"。听见人家谈论巴黎，马上说自己去过五六次，然后说："你们有没有去听歌剧呀！那可是世界第一流的，不听太可惜。我们全家都去的，好贵哦！"

自己当然可以享受，但是那么得意做什么？

有朝一日，轮到自己失意时，又到处诉苦，而且愈说愈悲伤，希望引起他人的同情。这时候，人家会听得进去吗？尤其是你得意时炫耀过的人，人家对你的吹嘘和夸张印象依然深刻，此刻所激发的反应，无非是"活该"！

得失原是自家事，炫耀只能引起别人反感，诉苦只会惹人厌恶，因为别人的人性弱点并不能接受这种刺激。

●●● 位尊时耻闻过，位卑时善讨好

地位尊贵时，最喜欢听好话。凡属歌功颂德的，一律照单全收。最讨厌人家批评过失，闻过非但不喜，简直就是觉得羞耻。觉得凡公升或背后议论、指摘自己者，都不算友好。

告诉别人"人非圣贤，孰能无过"，因为别人都不是圣贤，当然不

可能无过。至于自己，这么高又这么贵，列为圣贤也当之无愧，怎么还能有过错呢？

耻闻过，闻过即怒，怒就要报复，要给人家一点儿颜色看。老虎不发威，居然把我当病猫看待，这是位尊时的心态。一副不可一世的样子，给自己印上零缺点的标签：我什么都有，就是没有过失。

位卑的时候，想到位尊的人耻闻过，于是善于讨好，精于拍马奉迎来歌功颂德，觉得这正好攻其弱点。凡事必请示，认为上级的意见一定正确。所有成果，都归功于上级的英明领导。报喜不报忧，以免自讨苦吃。

尊卑不过是角色的扮演，有些人却把它看成身份的不同。认为位尊就不能有过，其实位尊更应该特别谨慎，力求无过，结果，竟然变成别人不能指责自己的过失。位卑应该配合，做到合理地服从，如今演变成位尊者说的话对的固然要听，不对的也必须服从，难怪人性的弱点，统统变成缺点了。

●●● 势强时欺侮人，势弱时很隐忍

形势对自己有利，自己成为强势者时，仗势欺侮人，给人家难堪，显得自己有恃无恐。觉得我就这样，你愿意接受就接受，不愿意接受就算了。不过你要想清楚后果，不要敬酒不吃吃罚酒，那样更不好看！

自己要生存，必须造势、仗势，这原本无可厚非。问题是造成强势，有势可仗时，往往就要扩大自己的生存欲望，将自己的快乐建筑在别人的痛苦上面，形成对别人生存的威胁，引起他人的抗拒和反扑，对自己反而不利。

形势会转移，一旦转为弱势，这才想起自己曾经欺侮过别人，因而特别能忍耐，到处忍气吞声。

大丈夫能屈能伸，是指应该忍耐的时候必须忍耐，应该挺身而出承担重责大任时当仁不让，并不是有势可乘就仗势扩张自己的势力，等到失势时又委曲求全尽力压制自己。

势强时别人心理上有让步的准备，趁势欺侮他人，不致遭遇太大的阻力，因此没有欺侮人的感觉。这时候被欺侮的人由于心理上有充分准备，也不觉得承受了多大的压力。但是时势改变，感觉也会跟着起变化。想起当初欺侮人或者想起当初被欺侮，是很不同的感受。往往曾经轻度欺侮人，却遭到重大的报复，就是由于感觉的变化，被欺负的人愈想愈生气，认为如此报复才属于合理而不吃亏。

●●● 体健时不爱惜，体衰时依赖人

身体健康的时候，多半不知爱惜，任意摧毁自己的健康而不觉得可惜。仗着年轻力壮，刚跑完一千米，就猛喝凉水，还要把剩下的凉

水浇在头上，以求一时舒服。白天忙碌整日，晚上还要参加应酬，饮酒无度。明知上台容易下台难，还要邀约朋友，通宵打麻将。为了参加比赛，在家猛练，结果弄得手腕受伤仍不停止。

总是觉得不必担心，自己身体好，撑得住，没问题。别的本钱没有，身体粗壮健康就是本钱。每天只睡一个小时，看起来还是这么娇嫩可爱！

人人都有正当理由来摧残自己的健康，这别人阻止不了。甚至有人还认为，反正有一天会衰老，现在趁着年轻，身体不用白不用。

到了失去健康时，反而有借口了：不是我不做某件事，是身体承受不了。想当年身体健壮时，这些事情算什么？现在我身体不好，你的身体比我好，所以应该由你来做。不但你自己分内工作要做，连我那一份也要做。我不靠你靠谁？谁叫你身体比我好，又是我的亲朋好友？

但是，先天性残疾或者体弱的情况有所不同，对这样的人大家理应帮助。但是好好的身体不知爱惜，到弄坏了身体之后就要依赖别人，恐怕别人心中有数，也不愿意用心理会。

●●● 年轻时显聪明，年老时逞固执

年轻人最喜欢让人觉得自己很聪明，也希望被人家称赞聪明。好像耳聪目明，应该是属于年轻人的专利，因此个个认为非我莫属。

不但聪明，还要显露出来聪明，让大家都知道。时时刻刻抓住机会，要表现自己的不同凡响。

"你看，我一眼就能够看穿他的诡计。"意思是我够聪明吧！

"从小父母、老师都说我聪明，其实我并不觉得有什么，不过是脑筋快一点儿而已。"反应敏捷、考虑深入、眼光独到，都是年轻人引以为豪的特点，目的在于表现自己聪明过人。

到年纪大的时候，经验自然比较丰富。这时候"我走过的桥，比你走过的路还要多"的念头随时随地会自动浮出来。不但固执己见，而且到处逞能，表示自己的见解十分有道理。

"这种事情，我看过很多，自己也亲身体验过，只有一条路走，没有别的办法。"

"老先生，您又何必固执呢！"

"我固执？我从来不固执，如果没有经验，我根本不会发表意见。我是帮助你们，我不是固执。"

其实，聪明人不固执，固执的人经常不聪明。年轻时显聪明，年老时逞固执，原本是在强调自己的生存功能，证明自己的生存能力，不料却适得其反，成为求生存的障碍。

●●● 前进时得罪人，后退时不救人

必须向前迈进时，觉得顾不了那么多了，得罪人就得罪人了，以

后再想办法补救。不得不前进时，或者前进得相当顺利时，似乎都认为应该前进得愈快愈好，在急速中难免会得罪他人，因而在心里会产生一种错觉，好像得罪人是应该的。

工作过程中得罪人，工作结束后所得罪的人仍然会牢牢记住这件事。一件工作得罪一个人，十件下来已经得罪了十个人，这对自己将来的工作会产生很大的阻力，常常使自己动弹不得，觉得有力气却使不出来。

换言之，这种人做人与做事不但无法兼顾，而且有互相冲突的可能。前进时往往以事为重，认为工作比较要紧，以致把人摆在次要地位，强调对事不对人，把做事看得比做人更重要。等到工作完成，事情已成过去，这才发觉事情已经做完，而做人仍在进行，虽然有心尽力挽回、补救，好像已经十分困难。

后退的时候，也就是不顺利时，多半顾自己都已经很费力，哪里还会去救别人？结果怎么也想不到事态平静时，当初应救未救的人就会来找麻烦，而且任凭如何解释都无济于事。有时候应救未救的人，偏偏会"不是冤家不聚头"地成为自己的伙伴或上司，那就更让人头疼，因为你不理他，他也会来理你，似乎想逃都逃不掉。

进退是人生常态，如果进会得罪人，退因救不了人而获罪于人，岂不是进退两难？一般人面临这种情况，仍旧采取前进时得罪人，后退时不救人的策略，结果咎由自取，对自己的人性弱点构成很大的威胁。

●●● 为主时立威严，附从时爱逢迎

同一时间，为求彼此配合以完成工作，常常要分出主从。哪怕是民主社会，大家平等，也总有人为主，有人扮演随从、依附的角色，才能够分工合作，彼此协调。如果各人都自视为主，不随从、附和他人，恐怕沟通、合作都有困难，使工作的进展非常不利。

为主的时候，一般人会觉得既然自己是主，应该有主事者、主持人的样子，为求统一步调，令众人有所遵循，常常自己拿定主意，形成决策，并且显得十分威严，以增强个人的统驭力量。

立威严可以满足自己怕死、贪生以及顾自己的生存欲望，却对他人的求生存带来很大的压力。在无可奈何的情况下，其他人可能相当配合，表现出十分乐意的样子；但是当情况改变，为主者的威严遭受挑战的时候，发觉大家的炮口一夜之间全部朝向自己，平日笑嘻嘻的面孔全都变成冷漠而带有愤怒的，那就很难应对了。

随属、随从他人的时候，一般人为求生存，以保护自私的行为，获取赏识和信任，常常设法搜集情报，打听上司的嗜好，以逢迎的讨好方式来满足上司贪利、贪名、贪图享乐的人性弱点。尽管自己不喜欢别人拍马屁、打小报告，但是轮到自己有机会表现时，也会以大家都如此，自己又何必坚持为借口，来支持这种行为。并且认为，风气如此，怎么能够怪我呢？

立威严和爱逢迎经常是配合出现的主从态度，彼此都应该检讨自

己而不能责怪对方，偏偏我们的思考方式只会选择这种短期似乎有利，长期必然不利的策略。

●●● 施舍时很小气，受益时易忘记

当我们施舍给别人的时候，一方面觉得很快乐，一方面也认为略施小惠，对方应该很满意才对，因而常常把小的施舍看成很大，将短暂的施舍看成长远的，而又以少为多，令人觉得斤斤计较，十分小气。给人家一点点儿好处，就要折磨人家老半天。让人家占一点儿小便宜，就想当作天大的人情，希望对方永远记着。

这种人永远记着自己给什么人哪些好处，回想起来觉得自己给的好处效果更大，影响更深，自己的回忆也格外甜美。

"那年要不是我及时拉他一把，他做梦也不敢想象会有今天的成就！"

"紧要关头，就差这一把劲儿，你看，他一下子爬起来，整个人都改变了。"

反过来，接受了人家的好处，不但容易淡忘，而且将大看成小，把多记成少，觉得一切都无关紧要，自己只是不好意思不接受对方的好意而已。

"实在不过是那么一点点儿帮助，但是人家的好意，不接受好像看

不起人家一样，所以至少要给他一些面子。"

"你以为他在帮助我？他是在帮助自己。我表现得好，他也有功劳，当然会帮我啰。"

把人家的施舍忘掉，自己才会没有人情包袱，才会生存得更轻松一些。同时会觉得，这样做使施舍的人有福了，因为他不希望人家记住或回报，所以才有福。自己记住他的施舍，或者回报他，岂不是让他难过，好像他有心获得别人的报答，动机根本不纯正嘛。

施受之间，常常会产生很多变化。一般人施舍时很小气，受益时轻易忘记，这种情况下，人性的弱点怎么能不成为缺点呢？

●●● 有理时不饶人，错误时常辩解

人难免在有理时被误解，这时候"得理不饶人"就成为金科玉律。好像此时不乘胜追击，更待何时？

当场理直气壮，过后还要有意无意地提起，不断重复，只要抓住机会，必定重温那一段旧梦，使对方难堪。

"记得那一次吗？你说了半天，结果还是错的，你还敢说？"

"想想三年前，你自己错了还不承认，搞得天翻地覆，最后呢？道理要人站过去，并不是人把道理拉过来。"

一旦有错误，一般人都不愿意立即承认，而喜欢找理由辩解，替

自己找台阶下。这种说辞很多，比如："我这样做，看起来好像不对。其实我的做法是用反面的方法来激起他正面的反应。如果不是这样，他永远不知道会产生这种错误。现在好了，他有了经验，知道这样做的后果，相信以后不会再如此了。""面对这样有修养的人，我能够说些什么呢？怎么说都显得自己没有修养。既然如此，我两害相权取其轻，选择比较小的错误，来暗示他有所改善。"

反正怎么说，做错都是有理由的。不但理由正当，而且确有必要，只是你不是他，不了解他的处境和苦衷。有理时不饶人，错误时又爱辩解，人性的弱点这时几乎全都成了缺点。

任何人要选择错误的策略时，都能够提出许多自圆其说的理由，来支持自己的抉择。他们会说：

现在人心变坏，根本不知道什么叫感恩，有时候连感谢都谈不上。有钱的时候和别人分享，没有钱的时候说不定别人老早就逃避得远远的，谁会想起当年有福同享的情况，还不是大难来时各自飞？

人生不如意事十之八九。好不容易有一些得意的事情，如果不抓住机会炫耀一番，那不是对自己太苛刻了吗？至于别人的感受，管那么多做什么？反正他有什么值得炫耀的，也会照秀不误，又不是只有我这样，只要自己快乐，有什么不可以？

地位尊贵时，当然不能认错。想想看，一位首长级人物如果常常承认错误，他的部属会看得起他吗？职位低的人认认错大家都会原谅他，职位高的人最好不要认错，干部那么多，随便找一个人来顶罪，不是很简单吗？要不然，要那么多干部干什么呢？

形势是会转移的，所谓三十年河东，三十年河西，风水轮流转嘛！形势有利的时候，如果不趁势给人家点儿颜色看，人家哪里会觉得我们的势力强，俗语说：老虎不发威，当我是病猫。可见有威要发，有势要用，大家才会看重我们，不敢随便提出意见。

人有生便有死，身体这部机器，用久了自然会磨伤受损，老了就没有用了。如果不趁着年轻体力好的时候多找一些刺激，多玩一些，将来年纪大了，照样会体力衰退，还不是不用白不用，不玩白不玩？体力是留不住的，就好像多余的营养照样要排泄掉一样，不用反而浪费。

年轻人没有什么社会地位，也谈不上什么声望，如果不找机会显露自己聪明过人，怎么能够引人注目？年纪大的人经验丰富，任何事情听一个开头，马上就可以推测出结果，甚至推测的结果百分之百准确，这不是固执，而是定见，多少年才修养得来的，相当不容易。

这是一个样样都要竞争的时代，任何人要向前迈进，都免不了要赢过一些人，因此也就要得罪一些人，这是无可奈何的事，根本避免不了。一旦倒霉了，自己都顾不了，哪里还能够救助别人？这时候救助别人，不但是不自量力，有时候还会激怒被救助的人，好像把对方看得比自己更倒霉，对方当然很不高兴。

当主人的时候，如果没有威严，大家就会没大没小，甚至爬到主人的头上胡作非为。古人不是说要恩威并济吗？只讲求施恩，完全没有威严，会显得太软弱。做附从的不逢迎主人，根本得不到主人的信任，一辈子在外围打不进核心，就算有本事，也施展不出来。

施舍是不得已的事，为什么被施舍的人自己不努力，要我们来救济，不是说"天助自助者"吗？连老天爷都不帮助那些不帮助自己的人，我们还需要施舍给他们吗？接受别人的帮忙，便谨记在心，心理上不是要承受很大的压力？常说要施舍慎勿念，他不念，我牢牢记住，有必要吗？大家都忘掉，彼此都轻松一些不是更好？

人与人之间就凭一个理字，所以中国人常说"有理走遍天下，无理寸步难行"。有理的人自然气壮，得理时当然不能饶人，不然永远是非不明。错误的时候，自己心里明白就好了，为什么要坦白承认，弄得好像自己没理一样？口头上完全可以找一些理由搪塞，替自己辩解一下，至少可以证明自己不是存心这样做的。

这样看来，似乎选择这些策略也都相当有道理，只是如果这样做了，所有人性的弱点都演变成了缺点，对自己不利，或者是短期内好像对自己有利，长期看来还是对自己不利的。

第五章
向对走,弱点也是优点

有人说人是双重性格的动物，有时候喜欢拥有人群，有时候却又渴望疏离人群；有时候希望做美国人，觉得比较神气，有时又觉得做中国人比较实在。

人性的弱点也是如此，同样求生存，如果策略错误，就会表现出许多缺点；若是策略正确，便会表现出许多优点。有时呈现缺点，有时又呈现优点，这就是策略变换，摇摆不定的证明。

策略正确的人，拥有人群时很喜欢，疏离人群时也很高兴，各有适当的原则。做美国人也好，做中国人也好，都能普遍受到欢迎。

正确的策略很多，针对关键性的变项，如贫富、得失、尊卑、强弱、健衰、老少、进退、主从、施受、正误，提供主要原则，只要确实施行，人性的弱点就会变成优点。

"过两天放长假，我们出去走走吧！"王先生征求太太的意见。近来秋高气爽，似乎是出游的好时机。

"放长假大家都出门，人多车多，去凑热闹干什么？"王太太的顾虑不是没有道理，累次痛苦的旅游经历，提醒她凑热闹的结果常常是被弄得精疲力竭。

"那我们干脆留在家里休息好了!"

"在家多无聊!"

王太太所说的话都是对的。王先生实在难以反驳,但是一时又想不出两全其美的方法,因此反问太太:"那你想要怎么样?"

想不到王太太居然不假思索,脱口而出:"问你啊,怎么问我呢?"

"反正我说什么,你都有不同的意见,叫我怎么办?"王先生有一点儿委屈,好像摸不清楚太太的用意,弄得自己左右为难,拿不定主意。

"我有意见,并不表示我不赞成你的想法。我只是提出不同的方向,让你多做一些考虑而已!"王太太说。

"你这样泼冷水,使我不想管这些事情。我看干脆由你决定,我没有意见就是。"王先生赌气道。

"泼冷水才能够使你更加清醒,要考虑得周到一些。你现在说由我决定,你没有意见,也不过是说说而已。真的我做决定,你也会提出不同的看法,和我现在的表现一模一样,你相不相信?"王太太说。

"真的,好像就是这样。实在很矛盾,又每次都如此。"王先生有些无奈地道。

对于同一件事情,每个人都有不同的看法,有的人认为自己做得对,别人做的都是错的。也有的人认为自己对于人性的弱点的策略是最正确的,结果却将人性的弱点变成了缺点。实际上,对待人性的弱点还有另外的方法，把错误的策略倒转过来便会成为正确的策略，于是所有缺点都能转化为优点。

●●● 有钱时想别人，无钱时想自己

富有的时候，可以享受许多金钱创造的乐趣，却也同时感受到金钱带来的很多苦恼。例如出入隐秘并且要雇用私人保镖，慎重择友以防其窥窃财富，力求保持财富而牺牲与家人共聚的温暖等等。这时候只要多想想别人，多替别人设想，也许就容易减少这些苦恼。

一般人总以为陌生人比熟悉的人更可怕，因而对于不认识的人或者不属于自己家庭内部的外人，都格外用心防备。其实，熟悉的人比陌生人更了解我们的情况，更容易找出有利的时机和地点下手，令人防不胜防。据统计，谋财害命的凶手多半是自己人或者熟悉的内贼。富有的时候，要多想想自己的亲戚朋友，多少照顾他们一点儿，可能也是防范内贼的有效途径。

有钱的人要记住舍得花小钱，才能免去花大钱的灾难。舍不得花小钱的有钱人，终究要花大钱，算算更划不来。当然你也可以理直气壮地称："自己的钱，都是自己费尽心血赚来的，既不是祖先留下来的，也不是偷来、抢来的，为什么要让别人花？"那么，等到有一天吃了大亏，弄得众叛亲离，你才领悟到不管你的钱是怎么来的，多少跟别

人分享一些都是对的，因为你是他们的亲戚朋友，恐怕已经为时太晚，难以挽回了。

没有钱的时候，反而要认定"人应该靠自己，不要老想依靠别人"，不应该有不劳而获的念头。亲戚可以救急，不能救穷，偶尔周转一下，以解燃眉之急，人家还会同情你，要想靠人家长期援助或者养一辈子，谁也不愿意。长大以后就应该独立，不应该依赖性太强。这样才会自己反省，为什么同样是在工作，自己却弄得如此穷困？而且不会始终寄希望于他人，以致因失望而怀恨在心，甚至萌生恶念。对于亲朋好友的帮助也要感谢，不要得寸进尺，因为那样反而对自己有害。

富有时多想别人，才会懂得赚钱又懂得花钱，不会沦为钱财的奴隶，也不会因财富而被害。没钱时多反省自己，才能够及早悔悟，重新出发，建立健康积极乐观的人生观，不卑不亢，不怨天不尤人，不自怜也不厚颜。否则为了生存，自怜自叹自卑加上厚颜无耻，那就什么卑鄙龌龊的事情都做得出来了。

> 富有时多想别人，才会懂得赚钱又懂得花钱，不会沦为钱财的奴隶，也不会因财富而被害。

●●● 得意时不炫耀，失意时不诉苦

得意的时候，要顾虑那些不得意的人对自己有嫉妒心、不平心，甚至去除心。你不炫耀对他们来说，就已经让他们够不舒服的了，如

果再炫耀自己的所有、吹嘘自己的本领、夸张自己的成果，岂不令他们更加难过？

做事顺利，不要说是自己有能力，要说是自己运气好，这样，比较不会对别人的生存构成威胁。夫妻相处得很好，要说是缘分够，大家听了也会觉得比较舒心。如果是虚假的喜怒不形于色，那是面具，若能发自内心不希望刺激别人，便是真的不炫耀。

不对失败的人谈论自己的成功，不向失意的人夸耀自己的得意事。这种涵养的功夫，称为含蓄，是一种谦虚、憨厚的表现。为了保持含蓄，必须要有几位至亲好友能够分享我们的快乐。在这几位至亲好友之外，最好都有所保留，以免惹人讨厌、招人妒忌而种下祸根。

> 不对失败的人谈论自己的成功，不向失意的人夸耀自己的得意事。这种涵养的功夫，称为含蓄，是一种谦虚、憨厚的表现。

失意时千万要克制自己，不要到处诉苦。就算真正关心你的至亲好友，听久了也会觉得厌烦，何况是一般朋友，他们根本听不进去，这种诉苦只会徒然让人取笑，无济于事。

一般人听人家炫耀，有时是为了探听虚实，有时是为了维持关系，或者是为了沾一点儿光彩，多少也会忍耐着听一些。至于诉苦，大概很少有人有兴趣听，实在多说无益。

失意的时候，最要紧的是情绪稳定，冷静地检讨一番，然后痛定思痛，反省警惕，以求重新出发，再走上成功的大道。这时候必须十分忍耐，而且对自己要有坚定的信心。忍耐众人打落水狗、翻白眼、拒不见面、推三阻四和虚情假意，坚信自己有东山再起的一天。

得意时不炫耀，失意时不诉苦。必须把得失看作人生必经的过程，

> 得意时不炫耀，失意时不诉苦。必须把得失看作人生必经的过程，而不是最后的结果。

而不是最后的结果。过程会改变，要使得意延长而失意逆转，需要含蓄而有涵养，有实力而不随便展现，能隐人所不能隐，藏人所不能藏。

●●● 位尊时不虚妄，位卑时不讨好

职位尊贵、握有大权的时候，很容易虚妄，真的以为自己一言九鼎，说话算数，大家都应该绝对服从。历代枭雄生前大家都怕他、惧他，把他的指示当作颠扑不破的真理，一旦他死亡，他所说过的话，都一一被后人推翻。历代的官方记载，无不尽力为统治者歌功颂德，但时过境迁，都不免被揭穿。位尊时为自己树立铜像，将来才有被推倒的机会；位尊时到处题字，将来才有被更换的可能。凡是自己认为了不起，可以一言为天下法的念头，都是虚妄而不持久的，不足为法。

位尊的人必须自我警惕：我不是神，有时也会犯错。从而要虚心听取大众的批评，客观而冷静地接受大家的意见，以求下情得以上达，收到集思广益的效果。

为人部属，必须以不讨好的态度，来获得上级的赏识与信任。一般人所犯的错误，即认为上级喜爱部属听话、没有意见、主动猜测上级的意图而尽力配合、过年过节送礼、生日祝寿、陪同登山、唱卡拉

OK，甚至打麻将，因而积极去做，以致做得过分而变成讨好，终于害了上级。

上下级之间是互动的，上级贪污舞弊，部属的过分配合是主要原因。而部属逢迎讨好，上级的暗示与默许也难辞其咎。

位尊时不妄自尊大，自以为了不起，位卑时不讨好，上下级之间才能够合理互动，彼此秉公行事。

> 位尊时不妄自尊大，自以为了不起，位卑时不讨好，上下级之间才能够合理互动，彼此秉公行事。

●●● 势强时多助人，势弱时要自持

势强的时候，不但不可以仗势欺人，而且应该趁势多帮助他人。帮助那些需要获得帮助的人，不是帮助那些对自己好的人，或者对自己有利的人。当然，最好是帮助那些能够自助的人。

有势而不用，等于势没有作用；有势而乱用，将来会作茧自缚，仍会自作自受。

助人的时候，要让对方觉得没有压力，对方才会持久地与我们合作。如果给予对方很大的压力，或者摆明是要讨回人情，对方就可能会拒绝接受帮助，甚至产生反感，反而得不到良好的回应。帮助应该得到帮助的人，原本没有人情，何必让人谨记在心，又何必一定要让对方

感受到压力？

人在衙门好修行，指的是有势而用得正当即为造福，若是用得不正当，便成为造孽。造福造孽，在于自己一念之间，岂能不特别警惕？

人在形势不利的时候，最容易违背原则，做出令自己都不敢相信的举动。虽然说形势比人强，人在矮檐下，不得不低头，但是自持的功夫也在此时遭受着考验。能不能安然过关，端视自己平日的修养而定。

好死不如赖活着，是势弱时忍受万般委屈的一种生死观。蝼蚁尚且偷生，何况是人？当年司马迁受过宫刑，也是忍辱偷生，最后才能够完成《史记》这本巨著。身体受折磨、行动受限制、有志不能伸、想做不能做，都可以忍受，也应该忍耐，若是过分违背自己既定的原则，使自己良心不得安宁，那就应该宁死不屈，奋战到底。有时候不打不相识，坚持原则而不屈于形势，反而会赢得对方的敬佩，从而解除自己的困厄。

●●● 体健时应爱惜，体衰时多锻炼

身体的健壮或衰弱，固然有先天的条件影响，所谓先天不足，或者与生俱来的某些缺陷，这属于个人无法自主的部分。然而后天的调养与锻炼往往可以弥补先天的不足，甚至使缺陷变成特长。

健壮的时候最要紧的是爱惜自己，不要任意伤害自己的健康。贪生、怕死，往往到了紧要关头才会提高警惕，或者慌张失措。既然贪生、怕死，就应该在平日养成良好的起居习惯。追求刺激、快乐，应该以不伤身体为前提，也不宜采用不正当的方法，当然，最好也不必过分冒险。致力于求名、求利的时候，要常常提醒自己，即使获得盛名、厚利，若是赔上了生命或健康，恐怕也十分不值得。

身体衰弱的时候，最要紧是切勿自暴自弃，不能灰心丧气，必须鼓起勇气，坚定信心，展现毅力，有计划、有方法地勤加锻炼。相信方法正确、持之以恒，必然可以恢复健康。

锻炼，再锻炼，是体衰者的唯一法宝。心理上的配合也十分重要。有病就应该就医，诊治服药之后，就要忘病。有信心不断通过各种方式，暗示自己、鼓励自己，很快就会恢复健康。

> 锻炼，再锻炼，是体衰者的唯一法宝。心理上的配合也十分重要。

●●● 年轻时要谦恭，年老时不固执

年纪轻的时候，要特别谦虚，对人恭敬有礼。学识固然重要，经验也很要紧。一般来说，科学技术日新月异，进展快速，愈年轻的人学的知识愈新颖尖端。但是社会、政治、教育、人文、历史等学科，

则需要较多时间的历练与思考、经验的累积，这些学科上年长的人就十分值得重视。

老一辈的人，由于世故较深，往往比较含蓄，不像年轻人有话就说，有意见就发表。必须谦恭有礼向老一辈的人请教，他们才会吐露一二，愈有诚意就会挖愈多知识。年轻人看不起年老的人，常常如身入宝山却空手而还，不能把握良机及时请教。

年轻人的毛病，大概就是喜欢表现，随时随地想显露自己的才能，以致很快就露光了、泄底了，令人失望。

人总有年老的时候，年老不是任何人的问题，而是所有人的共同问题。特别是环境改善、医疗卫生进步之后，随着人口寿命增加，老年人的比例大幅度提升。老年人最大的问题便是固执己见，凭着自己丰富的人生历练，轻易否定新的变化，对革新形成莫大障碍。

既然都承认时代在不断改变，那么自己的某些习惯也应该随着时代变化有所调整，才能赶上时代而不为潮流所淘汰。因此年纪大的时候，要特别提醒自己，千万不要固执，必须以客观的眼光重新体认新的环境，及时合理地调整自己的步伐，以便随着时代而进步。

> 年轻要谦恭，年老忌固执，是对于年龄的一种因应策略。

年轻要谦恭，年老忌固执，是对于年龄的一种因应策略。每一代人有每一代人不同的成长背景和时代经历，最好彼此尊重，不要勉强别人一定要与自己具有同样的感受和观点。

●●● 前进时想退路，后退时要救人

人在前进的时候，多半只看前面不看后面。特别是前进得愈顺利，就愈不会瞻前顾后，以致有意无意得罪许多人。一般而言，你正处于前进时大家都会对你忍耐，被惊动的人也会闪开，好像没有什么阻力。一旦事情告一段落，你会发现各方面的破坏力量开始逐渐展现：闪开的那些人，似乎又都恢复原位，形成强大的阻力。令人觉得处忧患比较容易，处安乐比较困难，果真成了"生于忧患，死于安乐"。要改变这种现象，唯有前进时考虑得更加周到，处处为将来设想退路，自然就减少了未来的灾难。

俗语云"上台容易下台难"，最好上台时就想好如何顺利下台。要记住"上台靠机会，下台靠艺术"，也可以说下台靠智慧，因而时常揣摩，怎样才能够既完成工作，又不得罪人，以兼顾做事和做人。

后退的时候自身难保，哪里还有余力救人？于是就不去救别人。结果，事过境迁之后，自己不想救的人反而是有能力救自己的人，这时才后悔当时没有伸出援手，恐怕已经无济于事了。后退时情况危急、条件很差，自己逃跟拉一两个同伴一起逃其实差不了多少，有时彼此互助，反而更加容易安全脱逃。

下台时对自己的班底撒手不管，大家一定会觉得心寒，觉得自己追随这样的

> 下台时再艰辛，也要尽力照顾部属，大家有难同当。这样，将来有朝一日东山再起，大家才乐于追随你，才有可能做到有福同享。

主管很不幸。所以，下台时再艰辛，也要尽力照顾部属，大家有难同当。这样，将来有朝一日东山再起，大家才乐于追随你，才有可能做到有福同享。

进时想退路，退时想东山再起，自然进退两可。

●●● 为主时不苛刻，附从时不逢迎

周公当年指派儿子伯禽去主管鲁国的政务，告诉他四个原则：第一，不要疏忽亲族；第二，不要忽视重臣对自己的不满；第三，不要随便抛弃故旧；第四，不可期待以一人之力解决所有问题。

为主的时候，要注意不可苛刻待人。就算别人有什么不是，朋友还是朋友，若是没有明显的背叛行为，不能够随便抛弃朋友。

小小恩惠有时会得到很大的回报，小小的轻忽有时也会遭到狠毒的报复。为主的人，必须了解每一个人可能有不同的感受，才能够判断他人真正的需要。因此在态度上，不可过分严厉，尽量促使下情上达，彼此沟通，互相了解。

> 当附从的时候，不可盲目顺从，也不能唯命是从，应该合理地服从，对于不合理的部分，则应该据理力争，有几分把握，便做几分坚持。

当附从的时候，不可盲目顺从，也不能唯命是从，因为"乖乖牌"终将拖垮主人。应该合理地服从，对于不合理的部分，则应该据理力争，有几分把握，便做几分

坚持。一个人的信用度，原本就是自己据理力争、合理坚持所得到的结果。毫不坚持，等于不用心、不负责任。盲目坚持，则是刚愎自用，很难与人合作。只有合理坚持，才是附从者应有的态度。

附从者如果不善于体会主人的意思，两者很难建立默契，不容易把事情办好。假如过分体会并且顺从主人的意思，也会在主人决策错误或自己会错意的时候造成不良的结果，而招致失败。

为主时要宽宏大量，附从的人才会尽心尽力；当附从的时候，不可自我主张过分强烈，必须合理地坚持自己的意见，巧妙地引例，使主人明白自己的意思，因而改变初衷，以免错误。

●●● 施舍时要舍得，受益时要感谢

在人生的过程中，过去和现在接续，现在也和未来连接着，不会间断。现在的种种，肇因于过去；而未来的发展，也奠基在今日。有办法施舍的时候要舍得，让对方不要承受压力，才不致种下未来不但不感谢，反而恩将仇报的恶果。施舍时即使不图回报，也应该谨防可能在态度上伤害对方，语言上侮辱对方，或者分配上激怒对方，未来反目成仇，对自己不利的情况发生。

施予的对象，除了亲朋好友之外，可以扩大到他人。由亲及疏，不致招来亲友的不平。施予之后即应忘记，不再提起，因为人情不讨，

永远存在；人情一讨，也就不在了。

　　量力而为，慎重处理，过后即忘，是施舍的三大原则，缺一不可。人们常说："救人不如救虫。"说的是救虫不会产生不良后果，救人则常常会因为被救者觉得受伤害、受侮辱而怀恨在心，伺机报复，造成可怕的后果，所以不得不慎重。

　　受人好处的时候，必须以感谢的心情来对待，不能存有这是自己"应该获得"的观念，甚至认为不足或不平而心生不满。对于人家的施舍，应该谨记在心，即使无力回报，也应该时常记起，至少要为施舍的人祈福求平安。

　　人与人之间原本就有借贷偿还的平衡活动，只要不赖皮，就不必认为羞耻。人既然要群居生活，多多少少都会从社会、从亲朋好友那里获得一些恩惠，如果能够合理地偿还或报答，也没有必要觉得惭愧。

　　给人好处，忘掉它！受人好处，谨记着，力求合理回报。施受之间，共同以善心为媒介，即为善有善报。

> 给人好处，忘掉它！受人好处，谨记着，力求合理回报。施受之间，共同以善心为媒介，即为善有善报。

●●● 有理时能恕人，错误时要坦承

　　理直气壮比较适合法庭相见的场合，既然兴起诉讼，自无人情可言。

一般情况下，仍以理直气和为宜，因为祸从口出，气壮时所说的话一定不如气和时的话来得圆满，难免伤了和气，种下招人怀恨的恶因。

还需记得，打人不打脸，骂人不揭短，即使理直，也应该留些余地，以免人急造反，对自己不利。

得理不饶人，不如得理时还能够宽恕别人。给人一条生路，总比把人赶上绝路好。自己要生存，别人也要生存，退一步海阔天空，才能各得其所。

> 打人不打脸，骂人不揭短，即使理直，也应该留些余地，以免人急造反，对自己不利。

把情理摆在法理之前，先由情入理。这时候将不伤感情列为优先考虑条件，在不伤害对方的情况下把道理说清楚，所以要气和，不能气壮。

当道理说清楚之后，必须适可而止，不要一再乘胜追击。不打落水狗，才不致狗急跳墙或者狗咬人。

犯了错误的时候，最好的办法是坦率地承认错误。人非圣贤，孰能无过？只要记住教训，以后不再犯同样的错误，并且举一反三，不犯类似的错误，就已经十分难得了。所以犯错并不可怕，一而再，再而三地犯同样的错误才可怕，那才令人痛恨。

坦率承认错误，还需要诚恳地设法补救。否则光是口头上道歉，对方仍然会气愤不已，觉得一句"对不起"没有诚意。若是加上一些行动上的表示，真正对自己的过失负责，拿出诚意来补偿对方，效果就要好得多。

最好不要犯错，不小心犯错误时，就应该一方面向对方道歉，认真承认错误，一方面用心想办法，用行动来做一些实际的补救。

天下的事本来就是见仁见智的，公说公有理，婆说婆有理。两种策略，一正一反，都可以找出许多理由来加以支持，而且都可以说得头头是道，条条有理。

君子有君子之道，小人也有小人之道，大道虽然不同，却也各有各的生存之道。

刚开始与人相处要把人分辨得清清楚楚，以坚定信心。相互熟悉之后，可以依据事情的性质，因时、因人、因地制宜。

这种弹性的运用，并不是生于偏见或成见，而是采取了一种合理的不公平的做法，合乎中道的标准。

常言道：防人之心不可无，害人之心不可有，要在这防人与害人之间，寻找一条恰到好处的路。

赞成正确策略的人，可以讲出一大堆理由，来支持自己的选择，比如说：

没有钱帮助别人，说起来自己也觉得不光彩，混到这种地步，连一点帮助别人的能力都没有。赶快趁有钱的时候，想想别人，多少帮助一些，将来回想起来也会觉得安慰，总算有一些能力，可以帮助别人，而且想到做到，不像那些光说不练的人，整天只会吹牛。没有钱的时候，要记住人穷志不穷，只要反省自己，调整自己，相信总有一天会东山再起，那时候再来和人家较量也不迟。

得意的时候，千万不要忘形，得意忘形会带来不良的后果。失意时不怨天不尤人，甚至绝口不提失意的痛苦，才能够振作起来，从头开始，以毅力来证明失败为成功之母。面对失败合理反应，失败可以带来成功，若是反应过当，成功照样可以带来失败的恶果。

> 面对失败合理反应，失败可以带来成功，若是反应过当，成功照样可以带来失败的恶果。

位尊时成为大家注意的目标，成为十手所指、十目所视的对象，稍有不慎，马上会被人抓住把柄，实在非常危险。这时候必须谦虚谨慎，不要随便发表意见，也不能任意做出决定。职位低的人愈讨好上级，愈让上级觉得这个人是奴才，其他的人也会看不起他。人的职位固然有高有低，但基本人格是平等的，用不着讨好任何人。大家互相尊重，彼此看得起，才能充分配合，扮演好各自的角色。

有势不用，有势也等于没有势。所以有势的时候，最好多多帮助别人，广结善缘，才可以成就更大的事业。势弱的时候不要埋怨别人的白眼，也不要责怪他人的落井下石，应该看开一些，认为人情世故，本来就是有冷有热，委屈一些，放低姿态，自然可以安然渡过难关，不至于乱了方寸。

身体健壮的时候，要明白岁月不饶人的道理，要趁早保养爱惜身体，才能够使生命维持得长久一些。养生之道，必须在健壮时开始注意，而不是到有病时才来救急。万一身体衰弱，更应该进行自我心理建设，认为已经如此了，慌张、焦急、忧虑、恐惧以及怨恨都无济于事，不如逆来顺受，安心调养，加强积极的生存意志来克服困难。

年轻时经验不足，阅历尚浅，不要自以为样样都有把握，以免经不起考验而贻笑大方。常常警惕山外有山、人外有人，谦虚一些，恭敬一些，多多学习才能不断进步。年纪大的时候，要跟上时代的变化，不可固执于以往的经验，应该不断调整自己，以新的观点来判断新事物，才不致一老就成贼，令人看不起。

前进时眼光只看前不看后，一旦面临山穷水尽的境况，又不知退路在哪里，就会进退两难，痛苦万分。一路向前，不留神其他人，也会有意无意得罪人，种下将来不知如何是好的祸根。后退时一心一意只求自己平安解脱，不顾同伴死活，同样得罪人。一旦风平浪静，这些同伴就会伺机报复，弄得自己灰头土脸。可见进时要想退路，退时要想到共患难的朋友，才不会对自己不利。

坐主位的人往往不了解部属所受的苦楚，任意支使，显得十分苛刻。坐车的人不明白司机的难处，常常对司机不满意，一旦自己去开车，才会发现怎么都找不到停车位，就算找到了也停不进去，这时候才会发现自己平日的过分苛求。这样的苛求，会使上级失去部属的信心和向心。部属如果逢迎上级，把上级捧得昏头昏脑，让上级以为真的可以对部属随意要求，结果还是部属自己倒霉。

一个人把所有的钱都放在自己的口袋里，势必十分危险，有时还会惹来杀身之祸。倒不如分一些放在别人的口袋，反而安全得多。所以施舍的时候，要抱着分散风险的心情，不要舍不得。而受益时却应该认为人家相信我、爱护我，才肯以我为受益对象，当然要心存感谢。

> 施舍的时候，要抱着分散风险的心情，不要舍不得。

有理无理原本是变动的。现在看起来很有道理，说不定时过境迁，就会变得毫无道理。所以有理时不可以太过自信，认为自己永远是胜利的一方，不如以宽恕的心情和气一些，为自己留下更为宽广的退路，对自己更有利。自己不慎犯了错误，就算找理由搪塞，大家也是心知肚明，并不能长久隐瞒下去，如果坦然承认，大家反而会觉得不好意思，就会掉过头来安慰你，说这种错误其实没有什么了不起，好像大家都会如此，也经常犯错，岂不更加轻松？

●●● 人类最大的优点在于懂得根据目标选择策略

道理大部分是相对的，这样说对，那样说也没错。君子小人各有各的说辞，也都说得振振有词，表示各有各的生存之道。

人类为了求生存，不得不编造出一堆道理来为自己的行为辩护，为自己的言论寻找依据。

各种道理，只有一个共同的目的，那就是自圆其说。只要前后不矛盾，好像就相当有道理。

对于是非的判断在西方是科学的，在中国则需要相当的艺术。科学以分析为主，利用分析和实证的方法对事物做理智的了解，目的在于寻求真理。艺术以直觉为主，运用自己的感受或价值判断，目的在于欣赏和创造。西方求真，中国求善，所以在西方社会，道理比较好讲；而在中国社会，道理实在很难讲。

前面所说的错误策略和正确策略其实并不是绝对的，有时候运用错误的策略，反而会修成善果，得到善报。例如一个人年轻时显聪明，有能力也尽量表现出来，偏偏还遇到了喜欢表现的贵人，不但出钱资助，而且提供许多有利的机会让他表现。同时他自己也很争气，用心学习以充实自己，结果名实相副，获得很好的成就。因此对他来说，年轻时显聪明的策略不见得不好。当然，也有人运用正确的策略，结果却未尽理想的，例如形势有利时，大力帮助他人，不料这些被帮助的人却联合起来要争夺他的权势，正应着俗语说的"饲养老鼠，咬破布袋"，令他十分痛心。

既然不是绝对的，我们为什么区分得那么清楚？这些是错误的，哪些才是正确的策略呢？

第一，中国人的道理原本都是很难讲的，说不定这样，也说不定那样。在这种情况下，我们所说的，大抵都是站在很难讲的立场来讲，也就是不得不如此说的。因为很难讲还是要讲，所以才勉强进行了区分。

第二，我们很重视本末、轻重，站在这种标准来判定，很容易发现正确的策略，比较合乎根本要求，实施起来会显得人的分量比较重。而错误的策略则比较偏于末端，显得有些短视、近利、轻浮。

第三，天下事有常必有变，有规矩也常常出现例外，我们必须守经达变，才不致乱了根本，所以虽然正确的策略也可能出差错，但是一般说起来，差错的比例并不大，还是可以说是正确的。我们判断正确或错误的策略便是居于这种平均数。

其实，要比较策略的正确与否，必须先确立自己的人生目标究竟是什么。

同样是求生存，由于目标不同，态度也会不一样。动物求生存的方式大抵差不多，因为动物只按照本能活动，没有什么目标可言。猪和狗也许不相同，但是猪和猪之间或者狗和狗之间的个别差异相当小。狗主人往往认为自己所饲养的狗很特别，和其他的狗大不相同，这是一种十分主观的感觉。

> 天下事有常必有变，有规矩也常常出现例外，我们必须守经达变，才不致乱了根本。

人类和其他动物最大的不同在于会自己选择目标，自己选择策略以达成预期的目标。由于彼此的想法不一致，所以个别差异很大。

有些人的目标十分单纯，就是自己的生存高于一切，主张不求人也不助人，我行我素，只为自己而活，不顾他人的观感如何。同样，自己生存高于一切目标，也可能只求人而不助人，有利于己时我行我素，不利于己时求助他人，甚至可以不择手段。可见，同一目标实现的途径并不相同。同样的策略，实施起来，也有不同的花样。

确定目标之后，再来比较两种看起来相反的策略，就比较容易看出它们之间的差异性和可能产生的后果，也可以明显看出哪一种比较有利于自己。

有趣的是，人们刚开始会觉得两种策略完全相反，慢慢地却会发现彼此之间也有相反相成的作用，彼此可以互补，这时候就觉得两种策略竟然可以合而为一，形成一种动态的策略。

例如"有钱时想别人，无钱时想自己"和"有钱时想自己，无钱时想别人"，表面看起来完全相反，实际上可以合成一种策略，毫无矛盾。

我们采用品质管制的观念，将"有钱时想别人，无钱时想自己"当作上限，而把"有钱时想自己，无钱时想别人"看作下限，如图13：

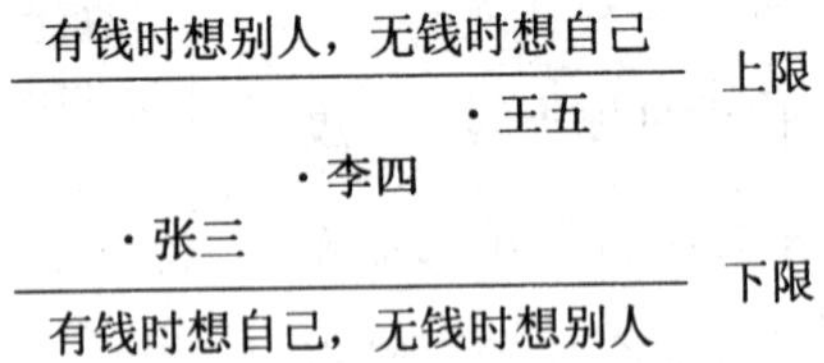

```
─────────────────────  上限
有钱时想别人，无钱时想自己
              ·王五
        ·李四
   ·张三
─────────────────────  下限
有钱时想自己，无钱时想别人
```

图13　策略范围内的个别对策

然后分析自己的朋友，对张三应该采取"有钱时想自己，无钱时想别人"的策略。因为张三向来有钱时独自享乐，避不见面，找他也没有回复，等到他口袋空空的时候，又会死缠活赖，一定要向别人借走一些钱，才肯离去。像这样的人，当然应该采取这种策略，以免自己吃了亏还要被他看成傻瓜，同时也宠坏了他，使他愈来愈自私自利。

对王五，应该采取"有钱时想别人，无钱时想自己"的策略。因为王五是一位正人君子，一向克己待人，而且安分守己，当然有钱时要想到他，尽量帮他的忙，无钱时宁可向别人开口借钱也不要找他，因为王五只要有办法，就一定会主动来帮忙，根本用不着你开口。对待王五这样的人，当然要以君子的态度来对待良心才得安宁。

至于李四嘛，五五分，有时候想到他，有时候也可以不关心他。因为李四对人是忽冷忽热的，随他自己高兴，我们也不必对他太认真。

这就是中国人最常用的"对待原理"，人家对我好，我应该对他更好；人家对我不好，我又有什么理由对他好呢？敬人者人恒敬之，才是彼此相处的依据。

这样看来，错误的策略和正确的策略不过是为了说明的方便，才勉强加以划分，真正了解以后，把两种策略合而为一，分别当成处世的上下限，然后在两种策略所构成的空间中，弹性运用，因人、因地、因时、因事而合理调整，应该是最合适的方式。

那么，我们前面所分析的正确和错误的策略是不是可以不必区分了呢？

我建议刚开始的时候，最好明辨正确的策略和错误的策略，并且一再重复思考，为什么这些策略是正确的，那些策略又是错误的。一方面坚定信心，一方面加强认识。等到真的弄清楚了应该怎样使用策略之后，进而对不同的对象做不相同的处置，才能得心应手，达到恰如其分的合理地步。

如果对某人的认识不深，我建议先往好处想，把他当作好人看，不要一下子就把他当坏人。但是，防人之心不可无，仍旧需要小心谨慎，以防上当。

斟酌的依据是把"防人之心不可无"和"害人之心不可有"当作上下限，如图14：

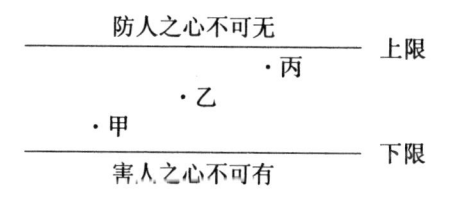

```
————————————————  上限
      防人之心不可无
              ·丙
          ·乙
      ·甲
————————————————  下限
      害人之心不可有
```

图 14　对人的弹性范围

事情不大，就算真的吃亏上当，也不致遭受太大的伤害，可以采用甲点的方式因应，以免防卫过当，失去友谊。事情十分重大，万一吃亏上当，就会承受不了，这时候最好采用丙点的方式因应，因为谁教对方不考虑彼此的私交关系，一下子就把如此重大的事情丢出来？

事情不大不小，后果还可以承受得了，若是值得冒险，仍然可以采取甲点的方式；若是不值得冒险，就要以乙点的方式回应；万一这时候有好几个案件堆积在一起，那么采取丙点的方式回应也不为过。

最好的选择是不要从零开始，也不要立即给予满意的回应，而是在中间的位置找到一个合理点，如图15，这才叫作中庸之道。

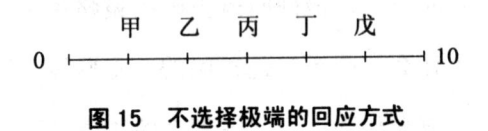

```
      甲 乙 丙 丁 戊
 0 ├──┼─┼─┼──┼──┤ 10
```

图 15　不选择极端的回应方式

自甲至戊，有很多选择。大多数人都不必以0（完全不理会）来回应，也不必立即给予满意的回应，这样比较安全，而且较为合理。

第六章

主动显示弱点还是技巧隐藏弱点

一般人误以为人性的弱点即缺点，于是害怕自己的弱点暴露出来之后，被人利用。于是，尽量想办法把弱点隐藏起来。

隐藏人性的弱点固然有很多好处，但是，如果隐藏到连自己都忘掉或者使人完全看不到、摸不着、猜不透，因而放弃因应、互动的念头，那就十分不利。

站在隐藏的立场来显露，把自己的人性弱点暴露得恰到好处，既可以激励自己，也能够让别人有合理因应与适当互动的机会。

> 站在隐藏的立场来显露，把自己的人性弱点暴露得恰到好处，既可以激励自己，也能够让别人有合理因应与适当互动的机会。

人性的弱点也可以看成人性的需求，要具有层次性。求生存是第一层，自私属第二层，而求快乐则是第三层。

"小华，你要好好用功，将来能做大事，我们一家人都很高兴。你很聪明，只要用功就好，明白吗？"

"明白。"小华这句话分明在利用父母希望他好好用功，将来光宗耀祖的弱点。虽然他幼小的心灵里根本没有这样的认知，但是他已经知道这样回答，要比其他任何一种说法更容易逃脱当前的难关。

父母用"将来做大事"来隐藏希望将来有名有利的弱点，以"我们一家人都很高兴"来掩饰"你应该为一家人争取荣誉"的盼望。"你很聪明"，更是进一步利用小华喜欢被赞赏的弱点。小华是不是懂得这些用意其实并不重要。但是他用简短的"明白"来满足父母的期待，同样是针对父母所暴露的人性弱点作出的有效回应。可见适当地暴露弱点给他人提供互动的着力点也是一种生活的必需品。如果换成这样的情形：

"小华，你要好好用功。"刚说到这里，小华已经跑掉了。父母紧跟在后边，只好改口说："别跑，别跑，这样没有礼貌！"父母的心里一定很生气，小孩子完全不明白父母的心意，想好好说一些道理都这么困难。

人与人的互动实际上就是彼此弱点的相互作用。这一方有什么企图，另一方如何因应，说是互相利用很不好听，不如说彼此互助听起来更顺耳。如果换一种交流方式，变成：

"你在想什么？"甲问。

"没有。"乙说。

"你想要什么？"甲问。

"也没有。"乙说。

这样完全不暴露自己的弱点，简直就无法互动。过分理性的人大家会敬而远之，无法与人相处实在没有好处。

●●● 隐藏弱点有大智慧

人性的弱点并不是人性的缺点，只要适当控制，弱点也可以成为人性的优点。由于弱点很容易被利用、被攻击，因此很多人都希望把自己的弱点隐藏起来，装得若无其事，使人无从下手，不知如何攻击。这种隐藏的念头，其实也是一种求生存的策略，目的在于防人保己。

> 人性的弱点并不是人性的缺点，只要适当控制，弱点也可以成为人性的优点。

有了"防人之心不可无"的观念，我们自然会处处提防，要把自己的弱点掩饰起来，隐藏起来。

明明是怕死，偏要说"留得青山在，不怕没柴烧"，忍得今日的气，明天才能够东山再起。因为怕被人看出贪生，就说"为了完成更重大的任务"必须忍辱偷生，其实活着比死还要痛苦。

顾自己的时候说"人应该学习独立，不应该依赖他人"。大事是义不容辞，小事则是"本来不想如此"，为了顾全大局，才勉强自己去做。

贪利的背后，有着无比的辛酸。午夜醒来，经常良心不安，辗转反侧难再入睡；贪得一些利益，却丧失了许多生活情趣。但是，这些情况有谁愿意从实招来？轻易以"说了人家也不会相信"掩饰过去。

贪名更是可怜。有些人住不安、食不好，也要煞有介事地搞什么投资计划，为的是可以出名。成名之后却更加辛酸，睡不安、吃不下，生怕被人绑架，或者遭人故意破坏名誉。媒体对这种事往往缺乏兴趣，却不断报道因名就利、出名很风光或者人死也应该留名的抱负以鼓励更多人参与逐名。

真正懂得享受的人其实为数不多。能赚得巨款却不知享用，只因人在江湖，身不由己，不得不继续投资所谓的伟大事业，一直要忙碌到进医院急救才肯暂时罢手。但是，当事人决不后悔，还说是"牺牲享受，享受牺牲"。少数真正懂得享受的人反而毫不声张，好像秘道探幽的人一样，严加保密，不希望有更多人来分享。何况精神层面的享受，各人有不同的标准，似乎要比物质层面的享受更难以说明，以致各取所需而不易引起共鸣。

贪利、贪名的结果，通常是成为富翁。财富容易满足物质方面的享受，却不可避免地带来一些精神方面的烦恼。富人为求确保财富，要夜以继日地工作，为了追求更多财富而不眠不休地付出更多的心血与时间，并且牺牲与家人共处的温暖和欢乐。然而，表面上又不得不装出一副得意扬扬的样子，尝试着要以金钱来主宰一切，购买所有的东西。

> 财富容易满足物质方面的享受，却不可避免地带来一些精神方面的烦恼。

一般人只看到富翁的外表，财富排名世界第几，拥有的财富无数，到处都有人护卫，却不容易觉察隐藏在他们财富背后的心灵上的桎梏。媒体就算要揭开他们心中的秘密，恐怕也相当困难，因为没有成为富翁的人很难体会个中的滋味。甚至有人认为：如果让我也住广厦、坐豪车、锦衣玉食，果真精神上有些压力，也心甘情愿毫无怨言。

人类对动机、过程和结果都懂得隐藏，将真相掩盖起来。主要是因为经验告诉我们，善于隐藏的人，比一五一十全都吐露无遗的人更容易获得实际利益。换句话说，隐藏对自己比较有利，所以人们才乐此不疲。我们很不高兴别人对自己有所隐藏，却理直气壮地支持自己对他人的隐藏、掩饰。如果隐藏对自己不利而有利于他人，我们还有什么理由隐藏呢？

正由于隐藏对自己有利，所以容易引起他人的反感。我们索性把隐藏也隐藏起来。我们常听人说："坦白告诉你。"其实那意思是除了隐藏一小部分事实之外，全都告诉你。先说"我不会骗你"，然后就会开始欺骗。时时不忘提醒人家自己在说实在的话，以此来掩饰自己的谎言。口口声声"钱财是身外之物"的人原来最重视金钱。

●●● 主动示弱有大好处

人类懂得隐藏弱点，享受隐藏的快乐，进而追求隐藏的快乐。凡是公开化、普遍化、大众化的快乐，都逐渐丧失刺激，让人觉得乏味。大家都打棒球，棒球就不够刺激了。大家喜欢打高尔夫球，只是因为一般人打不起，这样才显得打的人够体面。当高尔夫球也日趋普遍之后，人们开始喜欢深海潜水，觉得那才够刺激。隐藏性发展为稀罕性，新奇花样，别人没有的我有，众乐乐不如独乐乐。

> 人类懂得隐藏弱点，享受隐藏的快乐，进而追求隐藏的快乐。

"带你去一个别人找不到的地方！"

"这种东西十分罕见，属于稀有物种，所以特别名贵。"

"好咖啡要与好朋友共享。"这是因为咖啡很便宜，再好也不贵。真正好的古董，就不可以随便拿出来展示了。看的人多了，就不稀罕，古董不值钱，大家也就不爱收藏了。

规定不能照相的地方，偷偷拍摄一张，觉得很刺激。不对外公开的场所或者入场费昂贵无比的场合，能够身临其境，那就更刺激。

争夺更是具有高度的隐藏性。没有一个国家公开声明要侵略其他国家，都是名正言顺地"为贸易而战""为正义而战"或者"为自由而战"。没有一个人愿意承认自己蓄意争夺祖先的财产，处处标榜自己是白手起家。如果是争夺别人的财富造成的结果，就会说是运气好、赶上好时机了，而且得到贵人的提携。没有人说是自己争夺部属的功劳，反而认为是自己具有主管的魅力，部属是由于自己的领导才能够发挥潜力。

公开争夺的快乐，只存在于考试、选举、运动、竞技以及各种有规则的比赛中。然而考试作弊、选举买票、运动时犯规、竞技时使用禁药、各种比赛时私下买通裁判或对手，好像更加快乐。

十年寒窗苦读考中状元，会认为苦尽甘来获得理所当然的快乐。不学无术，凭借关系而获得高官职位，对很多人来说，虽属不劳而获，依然十分快乐。

比较起来，不公开争夺似乎更加快乐。派系斗争，帮派抢夺地盘，同事之间笑里藏刀互相较劲，都在否认声中默默地进行，而且永不休止。大家都乐于进行不公开的争夺，企图夺得原本不应该获得的东西。

征占也具有隐藏性，金屋藏娇比明媒正娶往往更容易引起大众的兴趣。高价购买珍品的新闻价值远不如偷窃集团用计偷取富翁的宝藏。同样据为己有，隐藏性的快乐胜过公开性的。在美国，拿多少薪水是十分隐秘的事，一般不能随便问人家赚多少钱。公司的会计部门也不会无意中透露这一类讯息。这就是老板针对人们喜欢隐藏性的征占设计出来的一种策略，使员工不至于因为薪酬比来比去而丧气，对老板十分有利。

●●● 根据具体情况采取具体做法

美国社会重视透明化、公开化、明朗化，为什么薪水却不能公开？中国社会几乎样样都有"暗盘"，相当重视隐藏性，为什么薪水反而是公开的？是不是美国老板比较聪明而中国员工比较高明？这正是我们所要讨论的问题。

有些公司的老板，心里明白薪水保密对老板有利，而且既然美国有这么一套现成的制度，把它移植过来，岂不轻易可以借刀杀人？于是规定员工必须签署一份文件，答应不把自己的工资告诉别人。结果呢？公司的员工出现了三种不同的反应。

第一种员工签署文件之后确实执行，不但不把自己领多少薪水告诉其他同事，也不打听别人领多少钱，并且认为这样才是诚实、正直的作风。

第二种员工签署文件之后，马上发现自己上当吃亏。不知道别人领多少钱，怎么知道自己所领的薪水合不合理？哲学家不是说"有比较才有鉴别，有鉴别才能够正确地判断"嘛。生意经也明言"不怕不识货，就怕货比货"，于是私底下打听同事的薪水，却在公开场合不透露自己的收入。

第三种员工拒绝签署这种文件，理由是签不签都一样，领这么少的薪水，自己都不好意思告诉别人，请老板放心。

哪一种员工的反应比较合理？我们非常尊重各人的价值观，也十分赞成各人的选择。下面只是就人性弱点的角度，来加以比较。

第一种员工不是自视甚高，便是警觉性很低。前者认为薪水本来就是各人自己的事情，比来比去有什么意思？自己认为合理，便留下来；自己觉得不合理，大可以跳槽而去。老板怎么想是他的事；我自己愿不愿意接受这种待遇最重要。后者并不觉得签署这种文件对老板有利而对自己不利，糊里糊涂就签下了名字，事后也不再思索，不把它当一回事。

当人们求生存的弱点逐渐提升到自私的层面时，领多少薪水已经和怕死、贪生没有多大关系。大家专心计较贪利（是不是每年加薪？有没有分红？能不能获取外快？会不会额外得到暗盘的给付？甚至自己所得甚高希望大家都能保密以免引起他人的不满）、贪名（待遇优厚，名义好听一些就好；和老板合作对将来升迁有利；公司名誉好，当然要服从）以及享受（上班自由最要紧、能够发挥个人理想最重要、不加班最好、工作轻松一些较理想、有更多假期最开心），这时候求生存的弱点被自己隐藏得成为潜在的欲望。自己并不在乎，或者不能觉察。直到有一天生存受到威胁，觉得薪水不能满足生活的需求时，才后悔自己自视太高或太过大意，那时已经来不及了。大凡生活安定，衣食不愁的时期，人们不重求生存而重自私与享乐，就会产生这一类型的反应。

第二种员工警觉性很高，而且深知"你攻击我的弱点，我也同样可以反击"的道理。老板用签署文件来约束员工，员工以阳奉阴违来应对。可是，我们每想及阳奉阴违，好像都觉得脸上无光，觉得似乎这么做不怎么光明磊落，总认为这样不够正直，也不够诚实。

我们不赞成阳奉阴违，却不反对特殊情况下的阳奉阴违，这是作为人的一大艺术。在正常情况下，也就是老板要求合理时，员工当然不可以阳奉阴违；但是老板的要求不合理时，员工以阳奉阴违来应对，实在是将伤害减到最小的一种方式，显然并无不可。

> 在正常情况下，也就是老板要求合理时，员工当然不可以阳奉阴违；但是老板的要求不合理时，员工以阳奉阴违来应对，实在是将伤害减到最小的一种方式，显然并无不可。

请看第三种员工，有骨气、够坦白，说话也相当委婉客气，但是，**揭穿老板的诡计对自己有什么好处？成为老板的眼中钉，还会有好日子过吗？**

通过以上的分析，我们发现下面三个要点。

第一，人性的弱点可以**隐藏**，但是千万不要隐藏到自己都忘记弱点的地步。无论是求生存的怕死、贪生、顾自己，自私的贪利、贪名和享受，以及求快乐的刺激、争夺、征占，对自己都有相当的好处，否则不会存在得那么长久，表现得那么普遍。有人一旦生活有了着落，就忘记了求生存的必要，不怕死、不贪生，也不顾自己，弄得不知道照顾自己的身体，不知道保护自己的权益，也不重视打听和自己有关的事宜，这便是隐藏得过分了。相反，有人只牢牢记住求生存的怕死、贪生和顾自己，以致为了赚钱而不知享受，甚至忙碌到毫无生活情趣可言，同样也是和自己过不去。

人类最大的本领其实是"整自己"。想尽办法整别人，别人可以逃，可以不理会或者反击，不一定整得到。整自己最容易，一天二十四小时紧跟着自己，想逃也逃不掉，不理会也不可能，如果反击，也是再度整自己。整自己专家，似乎人人都当之无愧。整自己的第一步，就是忘记自己的人性弱点，不怕死、不贪生、不顾自己、不自私，也不求快乐。

第二，人性的弱点可以看成人性的需求，套用马斯洛的说法，也具有层次性。求生存是第一层，自私是第二层，而求快乐可以列为第三层。为了求生存，人们不敢有自私的念头和享乐的欲望。能够生存之后，自私的念头加强，享乐的欲望也逐渐显露出来。自私和享乐如果和求生存相提并论，同样受到重视，反而不容易危及生命、丧失自己的生活情趣。享乐到忘记自己求生存的弱点，便可能会为追求刺激而丧命，为争夺而牺牲自己，为征占而赔掉性命。

第三，人性的弱点应该重视，却不能完全明白地表露出来，否则很容易被利用、被击中。所以应该暗地里重视，表面上善于隐藏。但是一味隐藏也不好，隐藏到自己都忘记了更加糟糕。隐藏到别人气恼不堪，用不理会来因应，也是自己的损失。对于人性的弱点，最合理的态度，应该是适当地暴露，以求有效的互动，才能够获得互惠的效果。

站在隐藏的立场来暴露，而不是站在暴露的立场来隐藏。两者的差异在于前者可能暴露得恰到好处，而后者则很容易过度暴露，成为被攻击的目标，对自己不利。

> 先想隐藏，然后适当地暴露人性的弱点，这才是隐藏的真正目的。

先想隐藏，然后适当地暴露人性的弱点，这才是隐藏的真正目的。虽然有人因过度隐藏反而受害，但是我们不主张因噎废食，仍然建议以隐藏的方式来显露，务求露得适当，露得恰到好处。

●●● 人性的弱点原本相近

人与人之间的互动，可以说都在因应人性的弱点。例如教育，老师勤教严管，是基于自己求生存的需要。若是老师不这样做，恐怕饭碗都会保不住，同事和家长都有怨言，对自己的生存必然构成很大的威胁。学生愿意接受老师的管教，不论是主动或被动，同样是为了生存不得不如此。一旦提倡以学生为本，认为学生本位才符合教育精神，通过媒体的鼓吹，传播得尽人皆知，无人不晓，教师的任务就从教学变成维持秩序，因为此时此地，还在重视教学，自己的生存很可能会发生问题。唯有用心维持班级秩序，学生学习不学习都没关系，能安全回家最要紧。学生既然是本位，在学校高高兴兴，拥有一段欢乐时光最重要，学多少算多少，不必承受功课的压力。美国若干公立学校受到这种风气的影响，学校不教书、学生不识字的情况愈来愈严重，令人忧心忡忡。台湾地区是连环图画盛行，学生只看图不看字，这么做迟早也会成为文盲，电视上还在鼓吹这是一种风尚，属于另一种教育改革，真是害死人。

众人之事必须妥善管理，大家才能够生存得平安快乐。管理众人之事称为政治，也无非在因应人性的弱点。古今中外所采取的政策看起来好像千变万化，相当复杂，然而分析、归纳起来，似乎只有一种策略，那就是大家所熟悉的"一紧一松"。松了就紧，紧了便松，都是这种策略的活用。不过紧到什么程度才松，松到什么地步才紧，因人、因事、因时、因地而有所不同。

领导者要生存、自私、求快乐，必须设法满足群众求生存、自私、求快乐的需求。领导者和群众之间，互相运用彼此的人性弱点，发展出种种措施。当老师的人，应该坚定自己勤教严管的职责，不管专家学者提出什么理论，媒体如何鼓吹新奇观念，教学方法可以改变，而根本精神不能放弃。知道学生本位只是一种民主潮流下的偏道主张，也明白图画确实能够辅助学习，但不能取代文字。一个人只会说某一国家的语言，不能解读这一国家的文字，那么这个人对这一国家的文化，不可能有深入的了解。

> 领导者要生存、自私、求快乐，必须设法满足群众求生存、自私、求快乐的需求。

以如此清楚、正确的理念来选择自己的因应策略，便不致因求生存而被错误地运用，造成害己害人的后果。鼓吹学生本位的人，也应该明白"任何事情总有相当的道理，不过一直膨胀下去必然导致错误的结果"，不要过分强调这一套理论，以免为了自己求生存而危害他人，终究会引起良心的不安。

提倡图画辅助文字，以漫画求生存的人，同样应该克制自己，不要做得过分，否则误人子弟，也是罪在自己，因为误导他人，自己即使无心犯错，良心照样要承担后果。

为政者一松一紧，若是为公，对社会大众有利，便能受到大众的欢迎而生存；如果是为了私心或假公济私，大众也会识破而群起反对，结果必然生存不了。执政者和民众之间的求生存，必须找到合理的平衡点，否则不是执政者生存不下去，便是民众活不成，势必引起激烈的冲突而两败俱伤。

人与人之间，也是互相利用人性弱点建立各种微妙的关系，产生各种不同的行为，导致各种不同的结果的。所有人际关系都因此而形成。

> 人与人之间，也是互相利用人性弱点建立各种微妙的关系，产生各种不同的行为，导致各种不同的结果的。

●●● 利用人性的弱点要适度

谚语说："不吃一堑，不长一智。"并不是说人要长一智，就必须吃一亏。善于借用他人的经验，吸取其精华，才是事半功倍的好办法。现代人不喜欢读书，或者不知道选择而乱读书，那就只好委屈地吃一堑才能长一智了。古往今来，大家在人性弱点的攻防战之中已经有了好几千年的经验，现在归纳成下述三大原则，以供参考，希望大家可以少走弯路，少吃一些亏。

第一，弄清楚自己在人性弱点方面的真实程度如何。例如某甲自我检讨之后，列出图16。

知道自己的弱点主要在金钱和健康上面，如果适当加以调整，就不容易让人有机可乘而吃亏上当。

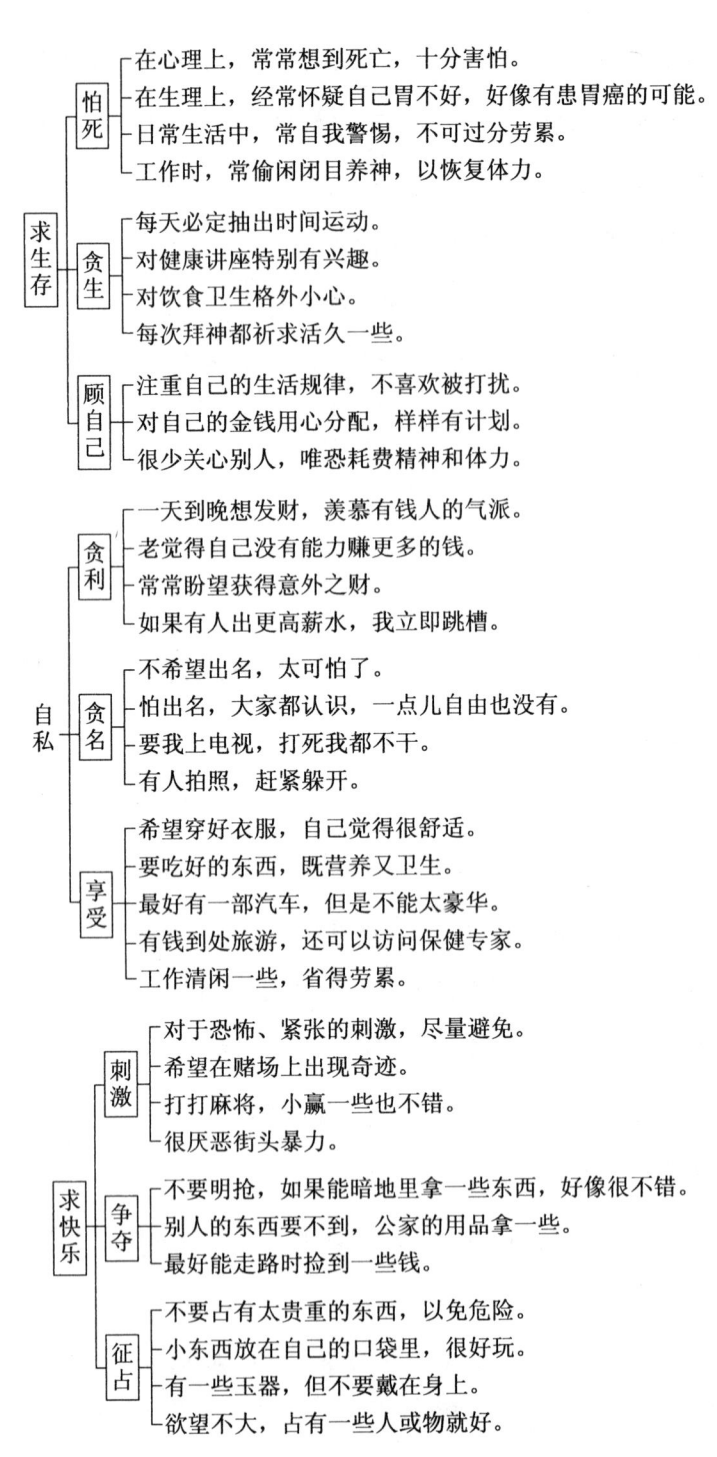

```
                  ┌─ 在心理上，常常想到死亡，十分害怕。
              ┌怕─┤ 在生理上，经常怀疑自己胃不好，好像有患胃癌的可能。
              │死 │ 日常生活中，常自我警惕，不可过分劳累。
              │   └─ 工作时，常偷闲闭目养神，以恢复体力。
       ┌求─┤   ┌─ 每天必定抽出时间运动。
       │生 │贪 │ 对健康讲座特别有兴趣。
       │存 ├生─┤ 对饮食卫生格外小心。
       │   │   └─ 每次拜神都祈求活久一些。
       │   │顾 ┌─ 注重自己的生活规律，不喜欢被打扰。
       │   └自─┤ 对自己的金钱用心分配，样样有计划。
       │    己 └─ 很少关心别人，唯恐耗费精神和体力。
       │
       │   ┌贪 ┌─ 一天到晚想发财，羡慕有钱人的气派。
       │   │利 │ 老觉得自己没有能力赚更多的钱。
       │   ├──┤ 常常盼望获得意外之财。
       │   │   └─ 如果有人出更高薪水，我立即跳槽。
       │   │
       │   │贪 ┌─ 不希望出名，太可怕了。
  ─┤自─┤名 │ 怕出名，大家都认识，一点儿自由也没有。
       │私 ├──┤ 要我上电视，打死我都不干。
       │   │   └─ 有人拍照，赶紧躲开。
       │   │
       │   │   ┌─ 希望穿好衣服，自己觉得很舒适。
       │   │享 │ 要吃好的东西，既营养又卫生。
       │   └受─┤ 最好有一部汽车，但是不能太豪华。
       │       │ 有钱到处旅游，还可以访问保健专家。
       │       └─ 工作清闲一些，省得劳累。
       │
       │   ┌刺 ┌─ 对于恐怖、紧张的刺激，尽量避免。
       │   │激 │ 希望在赌场上出现奇迹。
       │   ├──┤ 打打麻将，小赢一些也不错。
       │   │   └─ 很厌恶街头暴力。
       │   │
       │   │争 ┌─ 不要明抢，如果能暗地里拿一些东西，好像很不错。
       └求─┤夺 │ 别人的东西要不到，公家的用品拿一些。
           快 ├──┤ 最好能走路时捡到一些钱。
           乐 │
               │   ┌─ 不要占有太贵重的东西，以免危险。
               │征 │ 小东西放在自己的口袋里，很好玩。
               └占─┤ 有一些玉器，但不要戴在身上。
                   └─ 欲望不大，占有一些人或物就好。
```

图16 某甲自我检讨的人性弱点

第二，揣摩他人的人性弱点，把各人的评量表也分别列表对照。久而久之，很快就能够看出每个人的弱点程度，发现个别的致命伤。这种功夫当然不是三五年就能够练成的。想要做到熟练的地步，至少要花十年、八年，才能迅速而准确地诊断出来。

第三，明白自己的弱点，也能够快速而正确地判断别人的弱点之后，必须慎选自己的策略，以免走入歪道，过分利用他人的弱点，反而毁坏了自己的信誉。

利用别人的人性弱点，固然要合理；防止自己的弱点被运用，同样也要讲求合理。适度地利用别人的人性弱点和适度地让别人利用自己的人性弱点，才能够获得和谐而良好的人际关系。

> 适度地利用别人的人性弱点和适度地让别人利用自己的人性弱点，才能够获得和谐而良好的人际关系。

防人过甚，一点儿弱点都不肯让人家利用，或者存心害人，把别人的人性弱点利用得过度，迟早会引起大家的恐惧和反感，对自己非常不利。

利用他人的人性弱点要适可而止，他人利用我们的人性弱点，要若无其事地适度配合，这才是有效的策略。一天到晚动脑筋要利用别人的人性弱点，结果大家都能看明白，躲得远远的，最后一个人也不和你来往。经常提心吊胆，唯恐自己的人性弱点被利用，那就一点儿机会也没有，既没有朋友，也谈不上互动，一切事务都要自己动手，也十分不方便。

●●● 了解人性的弱点改变自己的命运

非要把人性的弱点看成优点或缺点，那是二元价值论的观点，并不恰当。

现代人最大的毛病在于看重有形的、看得见的、具体的事物，却严重地忽略了无形的、看不见的、不具体的事物。因此大家十分热衷于对物质的追求，对精神的提升则毫不留意。追求刺激以感官为主，不以心灵来体会、领悟，加上媒体商业化，使得人的享受低级化了。

> 人免不了互相利用人性弱点，但只要保持合理的程度，不但要运用他人的人性弱点，而且应该乐意接受他人的利用。

人免不了互相利用人性弱点，但只要保持合理的程度，不但要运用他人的人性弱点，而且应该乐意接受他人的利用。

当一个人求生存的欲望受到最大的挑战时，世界上只剩下两样东西：一样是好的，能够满足生存的欲望，让人继续活下去；另一样是坏的，会阻碍生存的欲望，让人活不下去。例如一个人快饿死的时候，能吃的东西就是好的，不能吃的东西便是坏的，当此之际，世界上再也没有其他东西值得他思考和注意。

原始人生活简单，把一切事物划分成两大类：能吃的、不能吃的；好的、坏的；使我们痛苦的、带给我们快乐的；善神、恶魔；好人、坏人。一直以来，当人们讨论人性的弱点时，也习惯把它区分出好坏，某些是优点，而某些则是缺点。

其实，一切事物都是不好不坏、不善不恶、不贵不贱的，关键看我们怎样去面对，如何去运用。

二元价值论的偏差不应该继续为现代人所沿用。人性无所谓好坏、善恶、贵贱，要看我们怎样抉择运用策略。策略正确，人性的弱点会变成优点；策略错误，人性的弱点便会变成缺点。

人生在世，最基本的需要便是求生存，所以求生存成为每一个人的基本弱点。为了求生存，必须动脑筋、用智慧，于是贪生、怕死变成一般人的潜在弱点，由于环境的变迁和竞争的激烈，使得原先群体的贪生、怕死逐渐形成他人的责任，自己则更加专心寻求个人的贪生、怕死，以资源、能力有限为借口而更加自私。

在环境改善之后，生死问题变得有些遥远，至少不是眼前亟待解决的问题。于是贪利、贪名就成为生与死之间的最大欲望。

临死之际，没有人会贪利、贪名，甚至会对自己为贪名、贪利而失去性命感到非常后悔。但是只要有一口气在，尚未躺下去之前，不争名、不争利好像就表示没有企图心，别人不笑话，自己也不会原谅自己。

为名、为利令人暂时忘记贪生、怕死。虽然说人死留名，才不会空来一趟，但是留的是什么样的名更重要。人生的不朽，虽然有立德、立功、立言之分，但是立功、立言都必须有德才谈得上。可惜现代人重视立功、立言，却不重视立德。于是所立的功、所立的言，违反道德，不合伦理，只能达到个人享受的目的。

人要享受，若能目标正大、手段正确、途径光明，实在并无不妥。像孔子的自得其乐，才是人生最大的享受。为了享受所得的名，为了享受经商所得的利，牺牲了自己的生命，加速了自己的死亡，究竟得失如何？

然而一般人过分看重有形的、看得见的东西，过分轻视无形的、看不见的东西。享受，要吃好的、穿好的、住好房屋、坐好汽车。这些都是有形的、具体存在、看得见的东西，大家十分热衷，紧追不舍。

大富大贵、有钱有势是有形的，大家认为唯有如此才是真正的享受。殊不知，有德、有守、与人无争也是一种享受，只因为这是无形的，大家就忽略了。

因为看重有形的东西，注意具体的事物，所以享受变成向外追求快乐，寄希望于具体可见的东西。

赌场老板运用人类寻求刺激的弱点，以豪华的场所、新颖的设备、科学的计量、艺术的手法，将大批赌徒吸引进来，这些赌徒为了求取一时的快乐而种下遗恨终生的恶因。

烟、毒制造者运用人性喜欢刺激的弱点，用夸大的广告、赠送的小惠、丰富的奖品、巨额的利润来吸引商人和顾客。更由于政府的查禁，增强了刺激感，使得烟、毒贩卖者和使用者抓不胜抓，禁不胜禁。刺激以感官为主要对象，而感官受到刺激，就会产生一定的适应力，以致刺激一段时间之后，就不觉得有什么效果，必须增加刺激的强度，变化刺激的花样，才觉得够刺激。

原本投篮得分，已经够刺激了，看久了也会觉得没什么，觉得一定要灌篮看起来才过瘾。打得太斯文有什么看头？场上愈凶狠，观众愈觉得刺激。坐着旁观还不够，干脆挤进去打群架，觉得这样更加有参与感。

为了拥有刺激，有时必须争夺。何况优胜劣汰，人类好像总摆脱不了竞争的命运，不争夺怎么证明自己是优胜者？向歌手性骚扰够刺其实，一切事物都是不好不坏、不善不恶、不贵不贱的，关键看我们怎样去面对，如何去运用。

二元价值论的偏差不应该继续为现代人所沿用。人性无所谓好坏、善恶、贵贱，要看我们怎样抉择运用策略。策略正确，人性的弱点会变成优点；策略错误，人性的弱点便会变成缺点。

人生在世，最基本的需要便是求生存，所以求生存成为每一个人的基本弱点。为了求生存，必须动脑筋、用智慧，于是贪生、怕死变成一般人的潜在弱点，由于环境的变迁和竞争的激烈，使得原先群体的贪生、怕死逐渐形成他人的责任，自己则更加专心寻求个人的贪生、怕死，以资源、能力有限为借口而更加自私。

在环境改善之后，生死问题变得有些遥远，至少不是眼前亟待解决的问题。于是贪利、贪名就成为生与死之间的最大欲望。

临死之际，没有人会贪利、贪名，甚至会对自己为贪名、贪利而失去性命感到非常后悔。但是只要有一口气在，尚未躺下去之前，不争名、不争利好像就表示没有企图心，别人不笑话，自己也不会原谅自己。

为名、为利令人暂时忘记贪生、怕死。虽然说人死留名，才不会空来一趟，但是留的是什么样的名更重要。人生的不朽，虽然有立德、立功、立言之分，但是立功、立言都必须有德才谈得上。可惜现代人重视立功、立言，却不重视立德。于是所立的功、所立的言，违反道德，不合伦理，只能达到个人享受的目的。

人要享受，若能目标正大、手段正确、途径光明，实在并无不妥。像孔子的自得其乐，才是人生最大的享受。为了享受所得的名，为了享受经商所得的利，牺牲了自己的生命，加速了自己的死亡，究竟得失如何？

然而一般人过分看重有形的、看得见的东西，过分轻视无形的、看不见的东西。享受，要吃好的、穿好的、住好房屋、坐好汽车。这些都是有形的、具体存在、看得见的东西，大家十分热衷，紧追不舍。

大富大贵、有钱有势是有形的，大家认为唯有如此才是真正的享受。殊不知，有德、有守、与人无争也是一种享受，只因为这是无形的，大家就忽略了。

因为看重有形的东西，注意具体的事物，所以享受变成向外追求快乐，寄希望于具体可见的东西。

赌场老板运用人类寻求刺激的弱点，以豪华的场所、新颖的设备、科学的计量、艺术的手法，将大批赌徒吸引进来，这些赌徒为了求取一时的快乐而种下遗恨终生的恶因。

烟、毒制造者运用人性喜欢刺激的弱点，用夸大的广告、赠送的小惠、丰富的奖品、巨额的利润来吸引商人和顾客。更由于政府的查禁，增强了刺激感，使得烟、毒贩卖者和使用者抓不胜抓，禁不胜禁。刺激以感官为主要对象，而感官受到刺激，就会产生一定的适应力，以致刺激一段时间之后，就不觉得有什么效果，必须增加刺激的强度，变化刺激的花样，才觉得够刺激。

原本投篮得分，已经够刺激了，看久了也会觉得没什么，觉得一定要灌篮看起来才过瘾。打得太斯文有什么看头？场上愈凶狠，观众愈觉得刺激。坐着旁观还不够，干脆挤进去打群架，觉得这样更加有参与感。

为了拥有刺激，有时必须争夺。何况优胜劣汰，人类好像总摆脱不了竞争的命运，不争夺怎么证明自己是优胜者？向歌手性骚扰够刺激,但是别人也可以仿效,于是就用武力挟持歌手,不许其他歌迷接近。或者以暴力驱散其他歌迷,不许他们同样有机会进行性骚扰。

短期拥有终究还会失去。打胜仗的时候,可以任意抢夺战败国的人力和资源,觉得很快乐,但是战胜只是一时的结果,很快就成为过去。于是想出殖民政策,以期长久掠夺殖民地的人力和资源。

个人也是一样。博物馆有一颗大珍珠,人们愈看愈觉得快乐。起初常常去看,也常常觉得快乐。忽然觉得刮风下雨还要去博物馆很不方便,而且听到博物馆展出的文物每隔一段时间就要更换,甚至外借到别的博物馆去交换展出。这时偷窃的念头越来越强烈,希望偷回来放置家中,自己天天把玩,岂不天天都快乐?

诸如此类的变化,是每个人都必须自我省察的课题,弄清楚自己的人性弱点究竟发展到什么地步,又呈现到何种程度,才能够约束自己,不受他人的任意运用。

自己的命运掌握在自己手中,真正的意思也就是了解自己的人性弱点,合理地加以调整,便可以掌握自己的命运。

> 自己的命运掌握在自己手中,真正的意思也就是了解自己的人性弱点,合理地加以调整,便可以掌握自己的命运。

同时,我们为了自己的生存,常常动脑筋利用他人的人性弱点。某甲喜欢高帽子,捧他、抬举他,他便很快乐,人们自然尽量在他面前歌功颂德,报喜不报忧。某乙重视礼节,对他尊重他才会快乐,于是人们抱着礼多人不怪的心情和他交往。但是,人们一旦认为某种做法有效,往往会不知不觉地增加强度,终于因过度而导致无效,那时才悔之晚矣。所以对他人的掌握,同样需要合理地调整。过与不及,效果都会大打折扣。

老子早就指出，要排斥死亡是不可能的，自杀、求死，就更加不好。他认为人的生命中，生、死的因素各占三分，原本平分秋色，但是人为了求生，却步入了死路，使得死的因素无形中又增加了三分。所以人不应该过分贪生怕死，以免为人所用，增加死亡的概率。

最合适的心态还是老子那句话"万物将自化"。人是万物中的一种，也离不开"自化"的轨道。对生死持自然变化的顺应态度，应该比较合理。

人要活得逍遥自在，只有承认人性的弱点不好不坏，让它自然地、适度地、合理地展现和被人利用，自己自然而然地因应，做到动静相宜，就用不着再念念不忘人性的弱点，一天到晚做这方面的攻防战了。